絵葉書で見る神戸
ハイカラ・モダンの時代

プロローグ

２０１７年、神戸開港１５０年を記念して、明治から昭和初期までを中心とする、神戸の絵葉書をテーマごとにまとめたものが本書である。長年、戦前の神戸の絵葉書を内外から収集し、研究してきたが、この筆者の約５,０００点の個人コレクションは「石戸コレクション」として知られてきた。兵庫県立美術館の「中山岩太展」や、芦屋谷崎潤一郎記念館の「細雪展」、姫路市立美術館や、勤務していた県立人と自然の博物館のフェスティバル、海外移住と文化の交流センターなど各地で展示したものも含まれ、震災後、居留地25番で再建、復活した神戸オリエンタルホテルの館内展示協力でも神戸の歴史を伝えてきた。あるいは、神戸市内の各所やＹＭＣＡ、神戸外国人居留地研究会、甲南大学、神戸女学院創立記念講演、日本絵葉書会、関西絵葉書研究会などでの、各講演・発表で使用したものも含む。

すでに『失われた風景を歩く』（２００２年）、『神戸のハイカラ建築むかしの絵葉書から』（２００３年）、『神戸レトロコレクションの旅』（２００８年）、『むかしの六甲・有馬』（２０１１年）などで神戸の絵葉書の紹介をおこなってきたが、さらにこの本で懐かしい神戸の原風景にふれていただけるよう、時には参考資料も添えて、これらのアーカイブズ

「兵庫開港金札」。
1867年
(慶応3年)
13×3.7

をまとめたのである。

神戸を描写した明治の錦絵や古写真から、明治33年以降（郵便法改正による私製葉書認可）の絵葉書へと時代の流れをへて、記録されていく神戸の風景や建築、人々の生活を見ていただきたい。そしてそれが、単なる懐古でなく、この港都・神戸の現状や課題と未来を考える手がかりにしていただければ、神戸生まれの「神戸っ子」の筆者の喜びとなるのは言うまでもない。

神戸の絵葉書については、誤った内容や、地元の本の情報を使用しただけの本が遠い県外からの「取材」で、近年、大々的に出されることもあった。こどもたちや若者に、この神戸という町の多彩な表情と深い歴史をより正しく知ってもらいたいし、また市民として次世代に伝えることは大切である。

さあ、ふるさと・神戸の原風景をめぐる本当の旅へ!

※本書に掲載の資料はすべて筆者所蔵のものである。

※本書の中の「手彩色」の写真や絵葉書とは、カラー印刷・現像でなく、手で彩色されたものを言う。絵葉書の袋に英文で「COLOURED BY HAND」と書かれるものもあった。また、絵葉書はコロタイプ印刷だけでなく石版、木版などもある。

※絵葉書の時代判定については実逓便の消印はもちろんのこと、たとえば形態でも概ねわかる。宛名面の通信文記載の範囲が1／3から1／2になったのは大正7年（1918年）。「郵便はかき」表示を「郵便はがき」に改正したのは昭和8年（1933年）。

※現在の神戸市域を基本とする（たとえば旧武庫郡も含む）。

※「き」の「キ」がトンボの絵のデザインのものもある。

※年代表記については、西暦、和暦を併用している。※サイズは縦×横センチ。

※六甲山・有馬温泉の絵葉書については既刊の『むかしの六甲・有馬　絵葉書で巡る天上のリゾート』（2011年、神戸新聞総合出版センター）に詳しく出した。

神戸築港起工祝賀会
紀念絵葉書袋

神戸港修築工事
絵葉書袋

目次

神戸貿易製産品共進会（明治 44 年）

有馬温泉

川崎造船所（明治 45 年）

六甲開祖之碑

神戸市内 高架を走る鉄道

神戸二中・運動会

活動写真・電気館

御大典奉祝花電車

ハイカラ神戸の原風景

風景をどう記録し伝えるか。この景観情報の伝達は、江戸時代から浮世絵、細見図、絵図、絵双六《すごろく》、銅版画などでおこなわれ、特に『東海道五十三次』（歌川広重）、『富嶽三十六景』（葛飾北斎）などの浮世絵、そして明治の錦絵に至るまで多くの名所が描かれた。旅行ガイドともいうべき『摂津名所図会』のように各地の名所の情報は共有され、神社仏閣の参詣や旅の増加で景観情報は広まり、各地の山海の物産情報も得られた。

景観を伝えるということは、明治初期の教科書の挿絵や、明治中期以降の石版の名所絵にも継承された。「近江八景」のように名所（名勝）をある数でセット化するのは、のちに誕生する絵葉書で、「袋入り8枚」といった販売に影響したであろう。

また、写真の伝来と写真師の増加は、大判から名刺サイズの手札写真まで手彩色写真を生み、日本情緒の絵（富士山、芸者、人力車、鶴、桃太郎といった民話、自然、家紋など）を蒔絵（象嵌漆絵）表紙にしてアルバム化し、外国人の土産や輸出商品にまで発展させた。さらに、立体写真や幻灯機普及による大小のガラス板写真にも景観は記録された。神戸の風景も市街や海岸、居留地、布引の滝、元町など、手彩色の各サイズの写真に次々に記録される。布引の滝へ向かう茶店前の人力車の少女たちの写真では、よく見ると茶店の店頭で神戸の写真（布引の滝や兵庫大仏、摩耶山など）を売っているのが見える。来日した外国人たちも神戸での生活をよく撮影した。

残された「神戸の記憶」をまず最初に見てみよう

304 THE ILLUSTRATED LONDON NEWS

OPENING OF THE INLAND SEA PORTS OF JAPAN.

写真　「生田神社」。明治初期。
15.1×20.4。

THE ILLUSTRATED LONDON NEWS
(ロンドン絵入り新聞「神戸開港」1868年)。
40.2×27。上は六甲山を海から望む。下は神戸港集結の外国艦隊を見る。白い部分は造成中で、のちの外国人居留地。

木版錦絵「神戸海岸」。長谷川貞信。
明治13年。18.2×24.2。

「美人見立　京阪神名所図会」より「居留地の外国婦人・神戸港の夕陽」。明治36年。18.8×26.5。

大判手彩色写真「BUND OF KOBE」(神戸居留地海岸)。明治。
写真部分20.5×26.5。イギリス領事館の国旗が見える。

大判手彩色写真「諏訪山からの市街の眺望」。明治。写真部分20×26.5。左手に県会議事堂が見える。

大判手彩色写真「BUND KOBE」（海岸通）。明治。
写真部分19.7×26.3。ガス灯が立っている。

大判手彩色写真「神戸オリエンタルホテル」。明治。
写真部分20×25.7。京町筋時代の写真。

大判手彩色写真「神戸元町」。明治。写真部分20.5×26.2。左は菅井商店。右は勧商場。

大判手彩色写真「人力車の少女たち（布引の茶店前）」。明治。写真部分20.5×26.7。加納町1丁目。冨士屋商店で写真を販売している。隣の茶店の末広亭は暖簾に芸者の名前を出している。

大判写真「神戸でのパリ祭（1901年）」集合記念写真。明治。神戸市田写真館撮影。写真部分20.1×26.4。神戸日仏協会創立の翌年。領事ド・リュシィ・フォサリュウや夫人も写る。フォサリュウは、16年間神戸に滞在し、日仏友好に尽力した。2017年11月、筆者は来日したフォサリュウの子孫にお会いした。神戸日仏協会で仏語を修了した神戸税関関係者と思われるコヤマへの贈呈辞がある。P14の舞子のパーティー写真、税関職員集合写真とともに出た。

大判手彩色写真「神戸湊川の茶店前」。明治。写真部分19×26.8。ウイスキーも売っている。

大判写真「神戸のパリ祭のパーティー」集合写真。明治。21×27。1903年。舞子。神戸市田写真館撮影。

大判写真「神戸のボートハウス（艇庫）前」集合写真。明治初期（英文裏書1869）。15.2×20.5。丁髷《ちょんまげ》の日本人もいる（断髪令は、明治4年）。手前中央に白い洋犬が写る。

大判写真「K.R.&A.C.の試合後のメンバー」集合写真。明治（1890年代～1900年頃）。20.8×26.4。横浜の外国人チームと対戦した神戸のメンバー。イギリスから『里帰り』したクリケット、フットボールなどの12枚の神戸・横浜の選手集合写真の一枚。

大判写真「試合観戦の外国人」集合写真。明治初期（英文裏書1872）。15.3×20.1。

神戸の眺望

山から見た風景

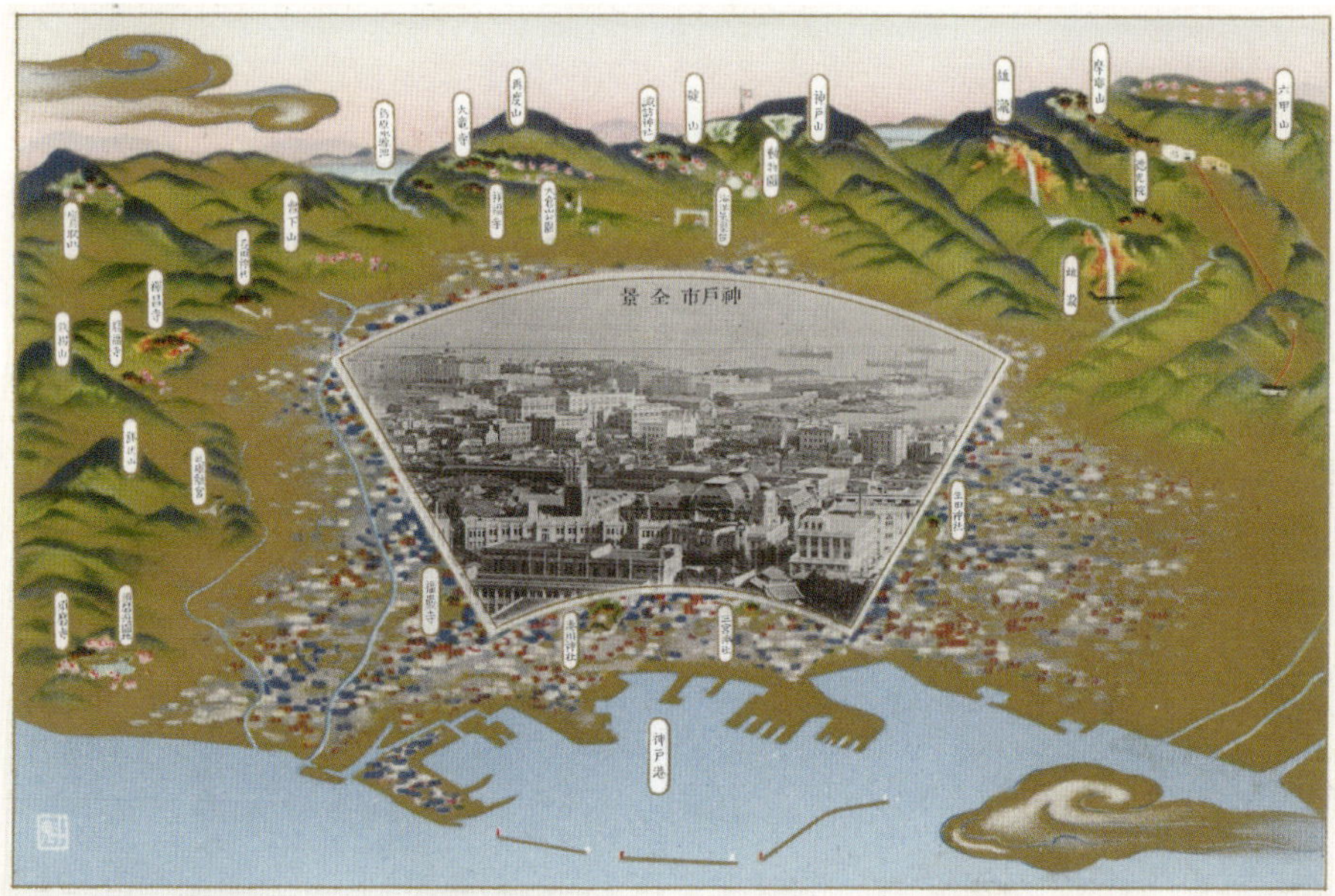

『神戸市全景』。神戸市発行。楠公六百年祭記念観光博覧会。昭和10年5月の神戸観光博覧会記念スタンプに楠公騎馬像。切手欄に市章。

神戸は日本を代表する国際港として、近代日本の先端を走ってきた。１８６８年１月１日（慶応３年12月７日）に開港し、２０１７年、開港１５０年を迎えた。

この神戸ほど、都市の景観がわかりやすくイメージできる町も無いだろう。六甲山の山なみと海にはさまれて東西に長くのび、またこの背山から海岸までが急斜面で坂が多く、南側の大阪湾（茅渟《ちぬ》の海）、そして世界に開けている。この神戸という街を広く俯瞰して視野に入れようとすれば、当然、諏訪山や再度山、摩耶山といった六甲の山なみから街を見下ろすか、海からこの背後の六甲山を屏風のように持つ街を見上げるか、どちらかになる。

神戸開港はイギリスの『ＴＨＥ ＩＬＬＵＳＴＲＡＴＥＤ ＬＯＮＤＯＮ ＮＥＷＳ』（ロンドン

手彩色　『神戸市街』。山本通の神戸女学院の理化学館（明治27年に音楽館とともに奉堂式）など、キャンパスが見える。

『神戸市全景』。兵庫県農工銀行発行。神戸光村印刷。デザインにアール・ヌーヴォーの影響が感じられる。

築港紀念　『神戸港』。左手に明治35年完成の山口半六設計の県庁（現・県公館）。幕末明治、ベアトたち写真家が長崎の街と港を風頭山から撮影したように、神戸も諏訪山から多くの撮影がなされた。

絵入り新聞）の1868年3月28日付けの紙面で伝えられた（P9「ハイカラ神戸の原風景」に掲載）。この新聞の上段は海側からの、六甲山を背後とする街の眺望の絵、下段は山の上から樹木の間を通して、のちに美しい外国人居留地が建設される白い砂地や開港を祝う外国艦隊を見下ろす眺望の絵で、手彩色の大判の写真や絵葉書に多く登場する、神戸の景観の二つの視座の先駆であった。

特に現在多くの人が訪れる金星台（ビーナス・ブリッジ）の諏訪山からは、鳥瞰図のパノラマを見るような構図で撮影され、各種の絵葉書に登場した。のちに観艦式など一大行事の際も市民は山上から扇港と呼ばれた神戸港の眺望を楽しんだ。絵葉書で山上から見た神戸の街の風景を見てみよう。

手彩色　『神戸港』。諏訪山から県庁、元町方面。右手に洋式の小寺家厩舎(神戸地方裁判所設計の河合浩蔵の作品)。相楽園内に国重要文化財として残る。

Bird‘s−eye−view of Kobe　『神戸全景』。手彩色　パノラマ。右側には相楽園の小寺家厩舎、左側には山本通の神戸女学院、中央には県庁（現・県公館）が見える。神戸らしく洋館が多い。

手彩色　『神戸市街』。神戸は早くから洋風のハイカラな建築（擬洋風建築）が多く生まれた港町であった。それは「異人館」として北野などに残る。

神戸の眺望

海から見た風景

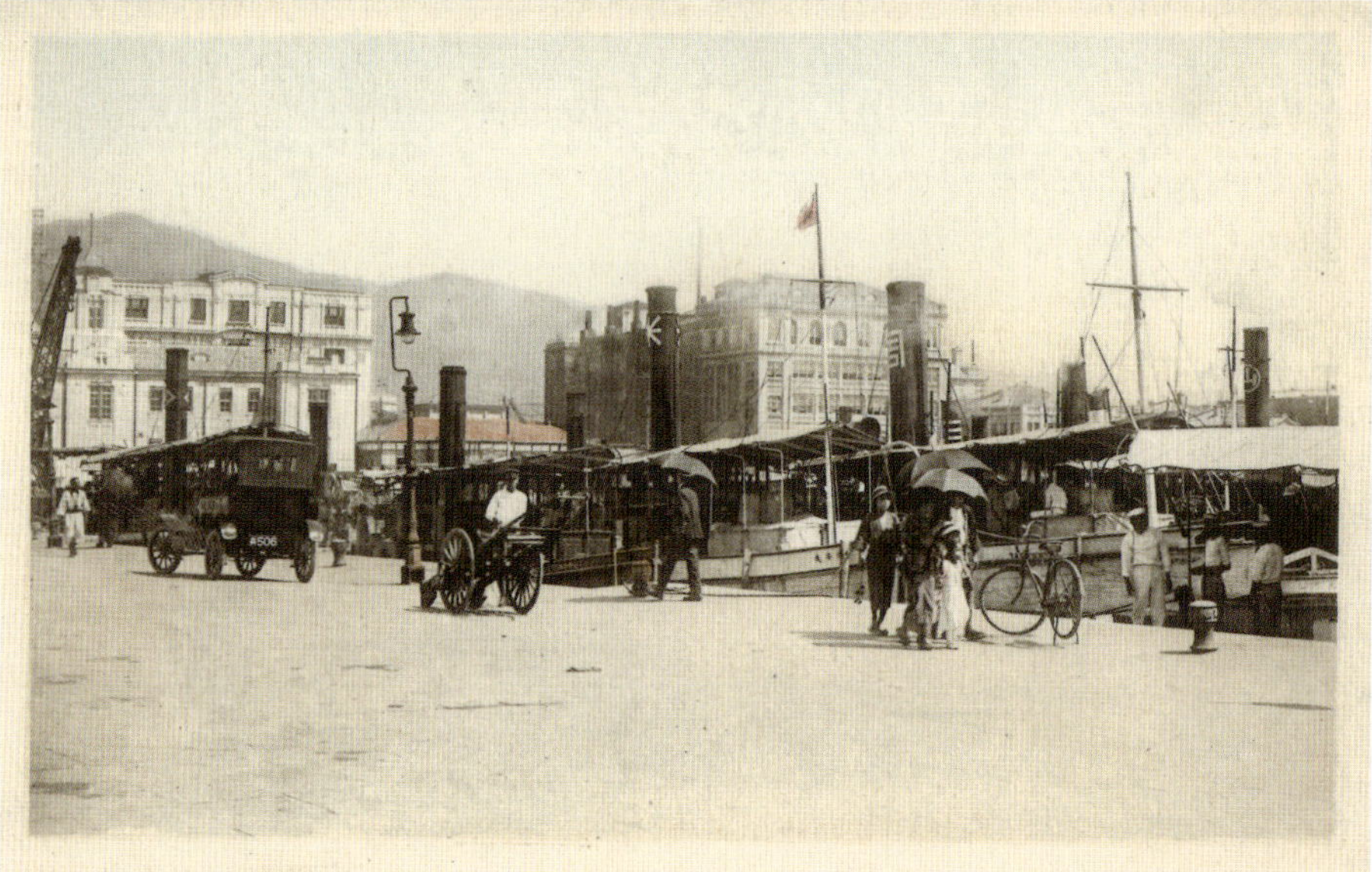

手彩色　『メリケン波止場』。T.TAKACI.KOBEのマーク。洋装のドレスの女性も見える。奥に居留地6番に移転してきたオリエンタルホテル(明治40年。ゲオルグ・デ・ラランデ設計)。

神戸は異国情緒あふれる港町と言われてきた。汽笛やマドロスという言葉のよく似合う街である。長く遠い航海を終えて神戸港に到着した異国の人々にとって、目に入る神戸の海岸や六甲山を背にした街の眺望が、最初の「日本」の光景であった。

乗客を運ぶランチの集まるメリケン波止場にはガス灯がともり、この波止場がのちには「萬国波止場」と称されたように、世界中の人々が集散した。初期の海岸通には、洋館や「ヒョーゴホテル」などが並んだが、まさにバンド（Ｂｕｎｄ）と言われる、居留地のウオーターフロントとして遊歩道が整備され、よく神戸の写真や絵葉書のテーマに取り上げられた。のちには、小さかった商館は高層のビルになって林立し、海から見た神戸のまさに顔となった。

手彩色　『海上より神戸市街の眺望』。元町・栄屋のライオンのマーク。ハイタワーの高層ビルの数多い現在の神戸とは大きく異なる景観である。

『異国情緒なメリケン波止場』。ライオンのマークの元町・栄屋発行。水兵たちの向こうに、大阪商船神戸支店、オリエンタルホテルや水上警察署が見える。絵葉書キャプションはメリケン波止場を「異国情緒」あふれるものとして表現する。

絵葉書によく取り上げられる長崎の大浦海岸や横浜、上海など、バンドが似ていても、神戸の独自性はやはり背後の六甲山とセットの景観である点にある。明治14年、高知から神戸港に来た植物学の牧野富太郎は、植林前の六甲の白い砂山状態を見て「雪が積もっている」と思ったようだが、これだけ海と山が接近した港町は少ない。山上からの神戸の撮影は重い機材の運搬で写真師たちにとって重労働であったと思われ、また、揺れる船上からの撮影も困難をきわめたに違いない。しかし、六甲を背山とする「ミナト神戸」の美しい港湾風景は、エトランゼたちを魅了し、また、神戸から出された絵葉書やスーベニールの写真によって世界中に知られていくのである。

手彩色　『神戸メリケン波止場』。大阪商船神戸支店（現・商船三井ビル。渡辺節設計。大正11年）の美しい丸いファサードが見える。高層商館の時代に入ったことを絵葉書は伝える。ランチ船尾の「CHIYOMARU」という船名が読める。

手彩色　『神戸メリケン波止場』。上陸しガス灯を見ながら居留地方面に北上する。右側に大きな香港上海銀行神戸支店。左手前には「MIYAKO HOTEL」の字。その奥には神戸グランドホテルが東を向いて建っているだろう。

手彩色　『神戸メリケン波止場より海岸通を望む』。TOADOのマーク。絵葉書販売の元町の東亜堂と思われる。東亜堂はアール・ヌーヴォー風のデザインの絵葉書袋も出している。郵便はかきのキがトンボ。

手彩色　『神戸港内』。緑色、黄色、茶色などでカラフルに彩色されている。蒸気船のランチや、和船などが密集する賑わいが感じられる。

『神戸築港起工祝賀会記念』。明治40年記念スタンプ。神戸の市章（明治40年5月24日制定）が紅白であざやかにデザインされている。

外国人居留地

街の中の「異人館」

手彩色　『神戸東遊園地』。はかきのキがトンボ。外国人と思われる男女がレクレーション・グランドと呼ばれた東遊園地で楽しんでいる。ライオンのマークの元町栄屋製。

開港以来、神戸の外国人居留地は美しく整備され、今も１２６の区画と街路、そして東側のレクレーション・グランド（東遊園地）を残し、ルミナリエの会場にもなっている。上海から来たイギリス人技師Ｊ・Ｗ・ハートの設計プランで数度の競売にかけられた１２６区画では、外国人たちの高度な自治、貿易、文化、スポーツ活動が展開され、ハイカラ神戸の源流となった。

英字新聞『Ｔｈｅ Ｆａｒ Ｅａｓｔ』は、明治4年4月17日、神戸を「東洋の居留地で最も良く設計された美しい街」と紹介したが、神戸に来た多くの外国人は感動し、その旅行記の中で、この神戸の居留地の美しさについてふれたであろう。条約改正による明治32年7月17日の日本側への返還で、外国人居留地は「旧居留地」となるが、

『神戸居留地』。右の商館は「No.16」と見える。前にはポスト。ヴェランダ・コロニアル様式（擬洋風建築）の建築様式の商館の並んでいた時代の居留地の空気を伝える。

海岸通の商会。S.ICHIDA.KOBEの表記。神戸教会の熱心なクリスチャンであった市田左右太《そうた》の元町・市田写真館製と思われる。擬洋風建築（異人館）の神戸での普及を感じさせる。

『（貿易の神戸）本邦貿易の首位を示す扇港・神戸市の一部』。熊本宛。昭和2年消印。中央に見える塔は、オリエンタルホテルの屋根。

式典でフランス領事ド・リュシィ・フォサリュウは「立派な町に変えて日本政府にお返しし」「居留地の歴史はそのまま神戸の歴史」と述べたという。

この「日本の中の異国」は神戸の写真や絵葉書のテーマになり、特に鉄道網拡大による日本人旅行者の神戸への観光の増加は、居留地を撮影した絵葉書の需要を高めたと思われる。明治初期に長谷川貞信（小信）らが描いた洋館が建ち並ぶ神戸海岸通の華やかな賑わいの錦絵などをヴィジュアルに見てきた人々が神戸をいわば「異国」のように感じたであろうと同様に、明治後期からの観光絵葉書には神戸のハイカラな景観のヴィジュアルな原点として居留地が撮影されたのである。そして今も神戸外国人居留地は多くの人々を魅了する。

『日本郵船株式会社神戸支店　外観』。居留地の西。大正7年完成。現在の郵船ビルだが、戦災で屋上のドーム屋根はなくなっている。

手彩色　『神戸京町（元居留地）』。郵便はかきのキが、トンボ。美しく、また淡い彩色で居留地の京町筋を魅力的に見せる。現在の神戸市立博物館、神戸オリエンタルホテルの25番館より北。右側はジャーデイン・マセソン商会。

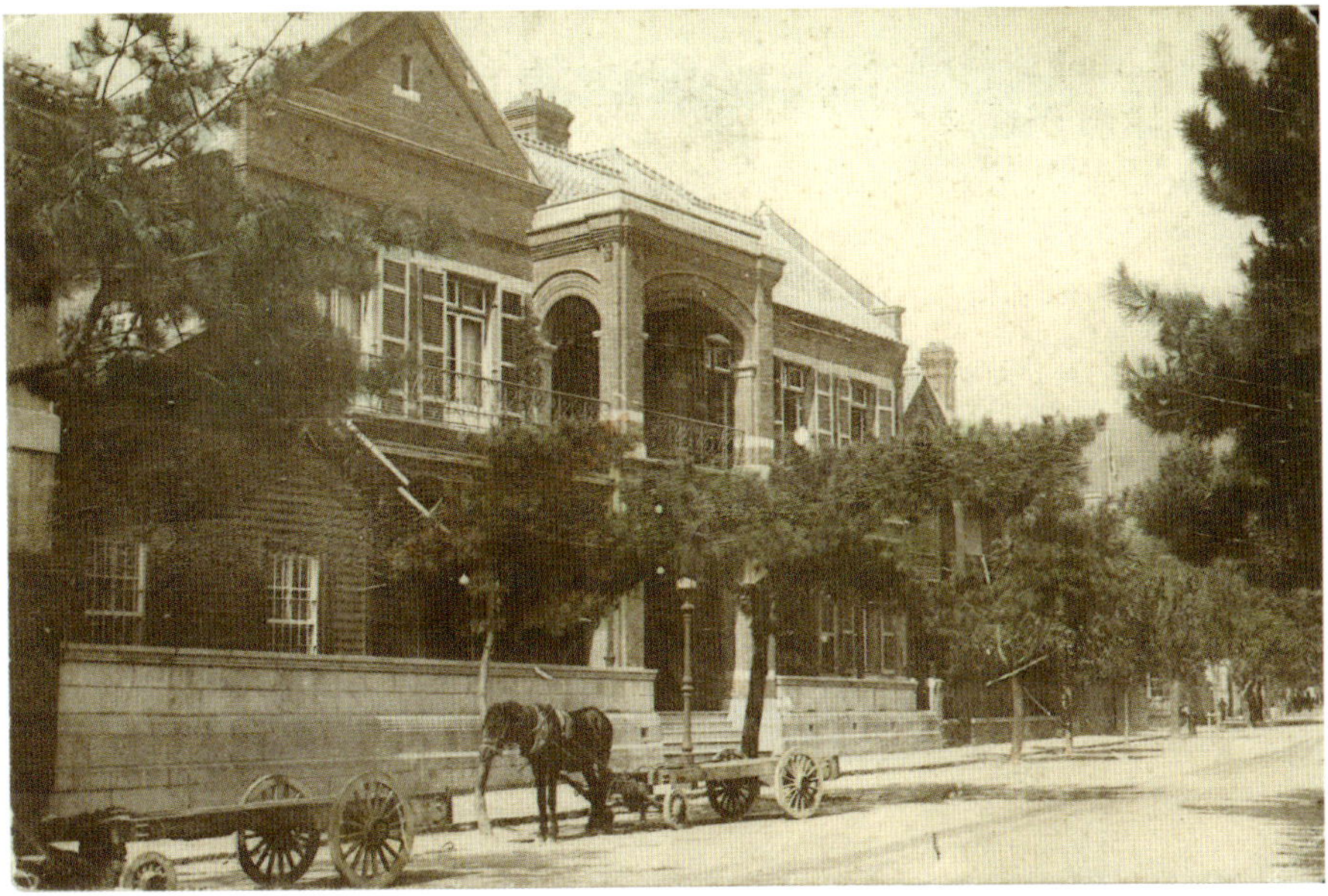

手彩色　『ドイツ倶楽部(コンコルディア)』。万国郵便連合端書の表記。神戸外国クラブが米英系なのに対して、クラブ・コンコルディアはドイツ系の人々の集まる社交場であった。「GERMANY CLUB OF KOBE」という絵葉書もある。

手彩色　『神戸海岸通香港上海銀行支店前』。美しく彩色された逸品の絵葉書。香港上海銀行の荘厳な姿に居留地の気品を感じる。この建物は明治31年、2番に完成。親子連れ、高札前の客待ちの人力車。時間が止まったような一枚。

『神戸海岸通』。万国郵便連合端書の表記。サンフランシスコ消印、ニューヨーク宛。海岸通を神戸の主要な街路の一つと紹介している。

『東遊園地』。描かれた洋装の親子連れが、神戸のハイカラな街の空気を伝えてくれる。東遊園地では、クリケット、野球、フットボールなど欧米から入ったスポーツが紹介され、築港の祝賀の会場などにも使用された。

『神戸京町通』。切手欄に栄屋のライオンのマーク。現在の神戸市立博物館などのある南北の京町筋。鈴木商店本店などが立ち並ぶ、ビジネスの中心街である。

手彩色　『(神戸名所)海岸通り』。観艦式、凱旋、外国来賓の歓迎など、旗や提灯で飾られて、賑やかになった。海岸通は明治前半には台風の被害が多かったものの、遊歩道やベンチがあり、市民にも親しまれた。

『神戸京町　日本銀行支店前』。元町の栄屋発行。切手欄にライオンのマーク。居留地の自動車時代の到来を思わせる。

手彩色　『神戸オリエンタルホテル』。京町筋80番。郵便はかきのキがトンボ。美しく彩色された、神戸最古級のホテルのオリエンタルホテルと、客待ちの人力車。英国の『ジャングルブック』の作家キプリングはこのホテルの食事を絶賛した。

『神戸市北長狭通4丁目　山縣眼科病院』。明治43年消印。津名郡志筑町内宛。居留地で作られたヴェランダ・コロニアル様式の擬洋風建築は神戸市の内外に普及した。県外でも明治初期の洋風建築で神戸の棟梁が来て建てたとの伝承が各地に残る。

手彩色　『神戸海岸』。6番のオリエンタルホテル前。海側の遊歩道を東方向に見通している。握手しているのは華僑のこどもたちであろうか。明治26年に京町筋にできたオリエンタルホテルは明治40年に海岸通6番に移転した。

手彩色　『神戸倶楽部』。明治23年完成。同志社大学のハリス理化学館（現存。国重要文化財）などの名建築を残したイギリス人A・N・ハンセルの設計。（北野の異人館のシュエケ邸は旧ハンセル邸）。レンガ造の美しい建築だったが、戦災で失われた。

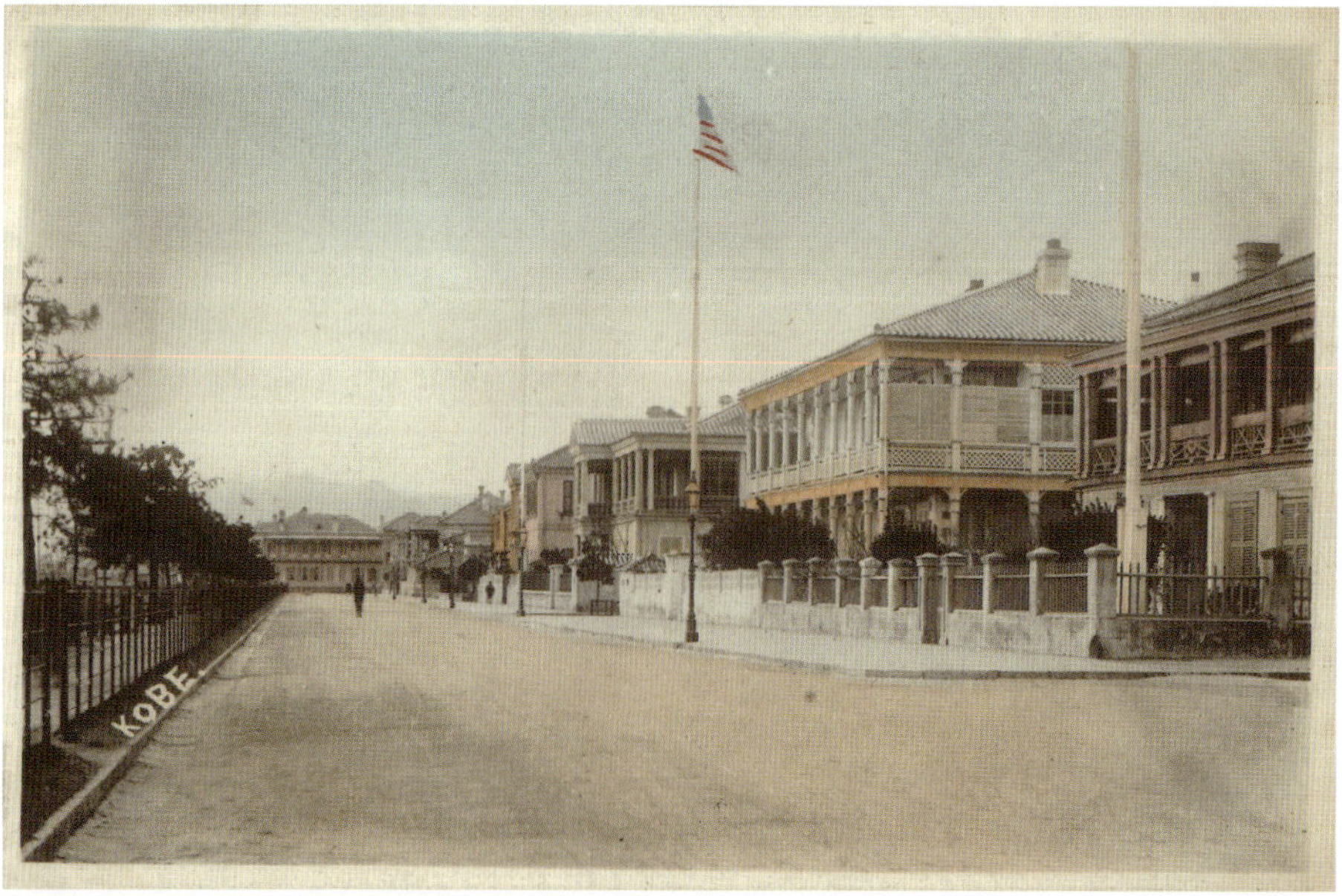

手彩色　『海岸通』。万国郵便連合端書の表記。海に向かって外国公館などのヴェランダ・コロニアル様式の洋風建築が並ぶ。長谷川貞信の錦絵「摂州神戸西洋館大湊の賑ひ」「摂州神戸海岸繁栄之図」などを思わせる。

『大阪商船株式会社神戸支店』。神戸光村印刷株式会社印行。竣工記念。大正11年。大阪商船の「大」の旗が右側にデザインされている。現在の商船三井ビル。まさに神戸の海岸通の顔といえる。

『横浜正金銀行神戸支店 外観』。新築落成記念（現在の神戸市立博物館）。昭和10年完成。

手彩色　『神戸税関』。アルゼンチン、ブエノスアイレスの住所宛て。昭和2年にでき、近年新館を増設した今の税関の、前の旧税関である。現在、三宮の駅周辺で見かけるフラワーポットのデザインに装飾されている。

手彩色　『神戸居留地』。正面奥はオリエンタルホテルの屋根の風見鶏が立つ尖塔。絵葉書の右端は、十五番館（国重要文化財）。アメリカ領事館やのちに江商のオフィスとしても使われた。阪神・淡路大震災で全壊したが再建された。

『大阪商船会社神戸支店』。「大」の旗は、大阪商船。明治41年記念印。神戸明輝社製。

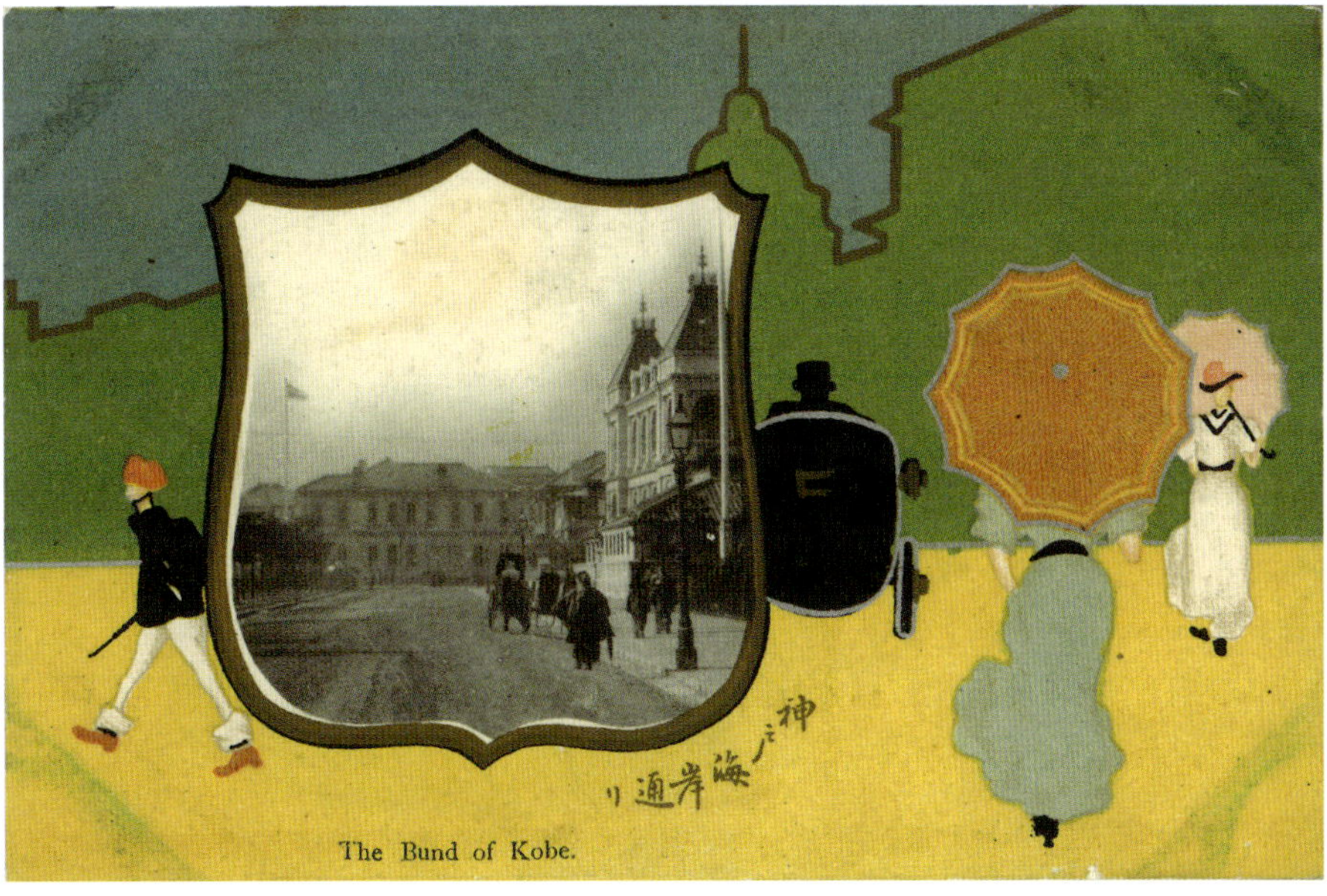

『神戸海岸通り』。パリの印象派の絵のような絵葉書。パラソルはハイカラの象徴。神戸のベル・エポックともいえる時代を感じさせる。

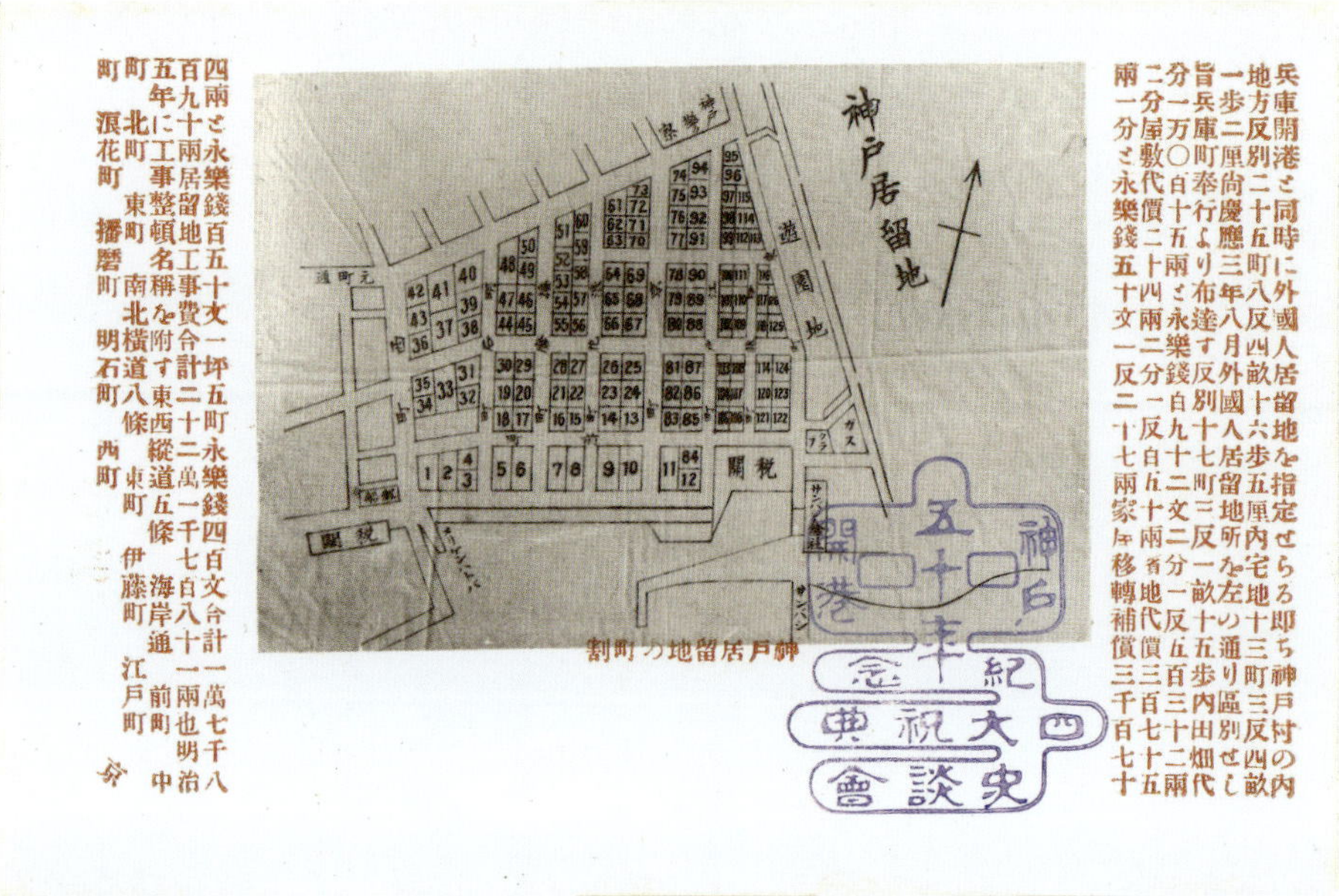

『神戸居留地』。神戸開港五十年記念四大祝典印。神戸居留地の町割。開港五十年を記念して史談会が出した神戸の歴史紹介シリーズの一枚。

手彩色　『神戸栄町』。今の鯉川筋近く。正面は外国人相手の両替商やホテルがあり、英字看板が見える。

手彩色　『神戸東遊園地に於ける男女合同クリケット試合』。神戸や横浜、上海などではクリケットが盛んにおこなわれ、神戸ではインターポートマッチで横浜から来たチームや女性チームとの対戦もあった。「男女合同」という表現が興味深い。

手彩色　『神戸小野浜遊園地』。1908年消印。フィリピンの切手。中央の白い石柱は居留地の自治・消防の発展やラムネ販売、K.R.&A.C.でのスポーツ、山上へのマラソン、三陸地震への救援ボランティアなどで活躍し尊敬されたイギリス人A・C・シムの記念碑で現存する。

『元居留地に聳立するクレセントビルヂング』。鳩のトレードマーク表記。当時の神戸の居留地では相当の高層ビルである。眺望も良かったであろう。居留地では明海ビルも高層で、ぐるっと居留地を360度見渡した眺望のシリーズ絵葉書を出している。

手彩色　『神戸居留地海岸』。こどもたちが、カメラを意識して直立している。居留地海岸の護岸の様子や、電柱が立てられていることがわかる。

手彩色　『神戸旧居留地』。万国郵便連合端書の表記。商館や倉庫、ホテルなどの多かった居留地だが、この絵葉書からは街路樹の緑の豊かな街であったことがわかる。

手彩色　『神戸海岸遊園地』。海に向かって並ぶ洋館。遊歩道に松の並木。くつろぐ人々。海岸通の絵葉書の定番の光景である。

『神戸商工会議所　全景』。神戸光村印刷株式会社製。落成記念。昭和4年。アール・デコ風のデザイン。ローマ神話の商業神メルクリウス（マーキュリー）であろう。この居留地の南側の名建築は戦後、惜しいことに姿を消してしまった。

神戸港と船舶

エトランゼを乗せて

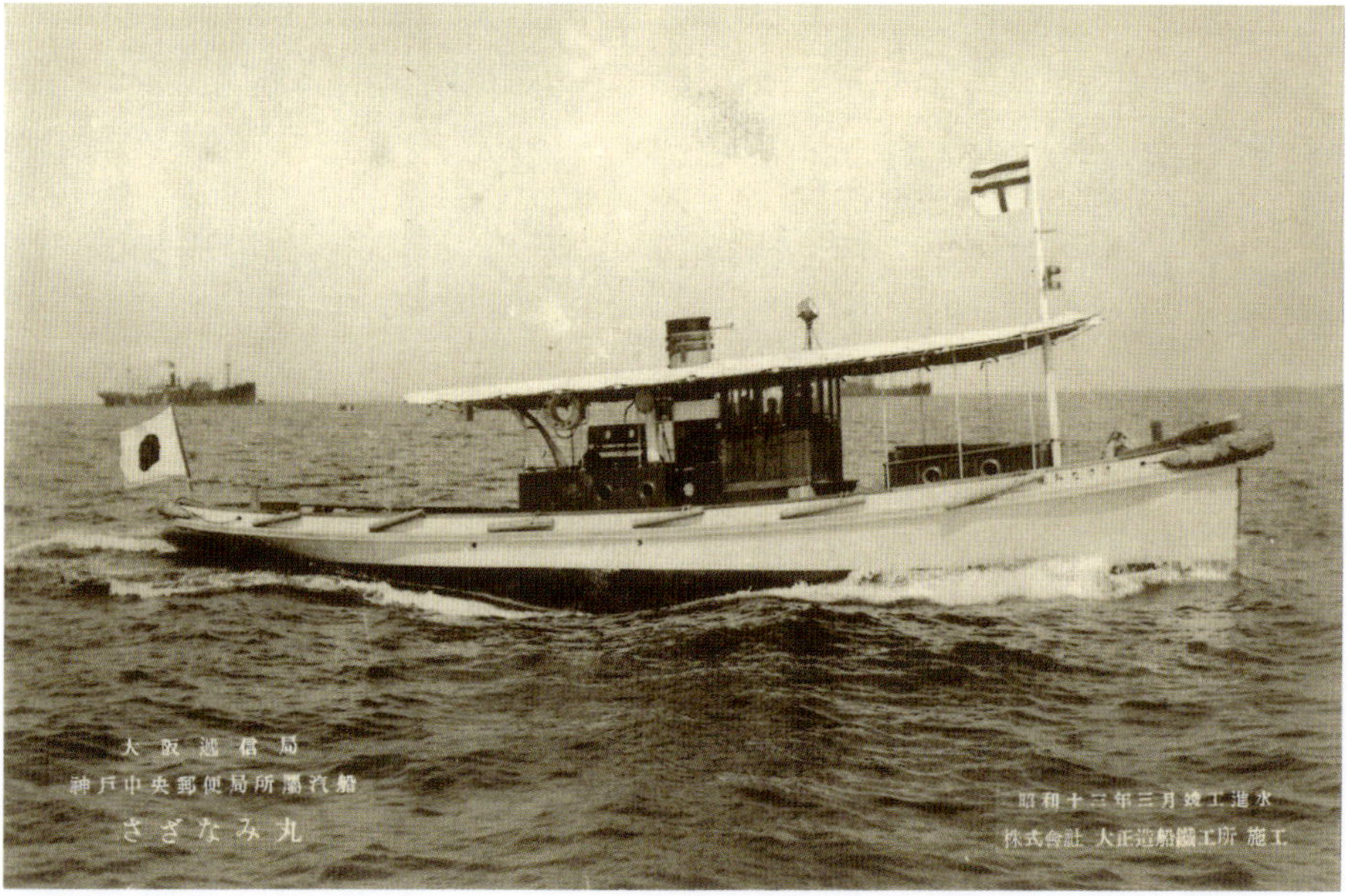

『神戸中央郵便局所属汽船　さざなみ丸』。神戸光村印刷株式会社印行。大阪逓信局神戸中央郵便局所属で大正造船鉄工所製。昭和13年3月進水。

ミナト神戸の絵葉書には、当然、船がよく登場する。神戸港に出入港する外国航路の船舶。その乗船客を送迎するランチや小舟。北前船の時代を彷彿させる伝統的な和船。また、逓信省の「〒」の旗をはためかせる郵便船や、今の神戸中央郵便局の西向いにあったミカドホテル（のちに鈴木商店本社ビルになり米騒動で焼き討ちされる）が沖の大型客船に送迎用のランチを出していたことも絵葉書で知られている。

また、南米移民も神戸港から出発していった。行幸・観艦式も多くの艦船を集めた。神戸港は開港以来、何度も築工の工事と拡張を繰り返し、その出入港船舶数は伸びて、昭和11年には開港以来最高になった。

神戸生まれ、神戸育ちの「神戸っ子」の筆者は、今よりも町中

『埠頭の情緒悲喜交々』。神戸港の絵葉書には、よく外国航路の大型船舶を見送る人々が出てくる。今の新幹線や飛行機ではあっという間に視界から去ってしまうが、戦前の港では長い時間をかけて埠頭を離れ、出航していったであろう。

手彩色　『神戸メリケン波止場』。郵便はかきのキはトンボ。1910年記念スタンプ。ガス灯のあるメリケン波止場にランチや満艦飾の船、小舟が往き来している様子がわかる。メリケンはアメリカのことである。

で霧笛がよく聞こえ、港の写生大会に大丸横を通ってメリケン波止場や中突堤に行けば、港を埋め尽くすかのような艀《はしけ》の密集していた昭和30〜40年代の光景を覚えている。それは、「洋行」や「船旅」という言葉がロマンとともにあった時代である。

　世界中から運ばれてきた舶来の品々は商店街の店に飾られ、また土産物店からは日本の名産品と神戸の絵葉書が世界中に運ばれていった。税関、瀟洒《しょうしゃ》なホテル、街にあふれる英字の看板、映画やジャズやスポーツなど港に上陸してくる文化、外国料理のレストランや、マドロスの集まるBar、街を歩く船員や水兵。最新の海外のおしゃれなファッションや、ヨーロッパを感じる洋菓子やパン。これらは神戸が多くの船舶を集める東洋一の国際港として発展したからこそ生まれた。

『神戸港の突堤』。大型の船舶で出航する人々を見送る人々が埠頭にあふれている。たくさんのテープが投げられている。神戸港ではこのテープを投げて別れを惜しむのは日常の光景であった。さまざまな思いを乗せて、船が出ていく。汽笛の音が聞こえそうである。

手彩色　『神戸築港第四突堤』。かなり大きな船が煙を吐き、遠くに六甲山が見える。船尾に英字の船名が見える。

手彩色　『兵庫港』。多くの小舟や和船、そして沖には大きな船が見える。右側の洋館は事務所であろうか。古くは大輪田泊の日宋貿易、そして江戸時代の北前船の寄港で栄えた兵庫津は明治には運河を持ち、最初の県庁もおかれた。

『巨船欧州に鹿島立つ埠頭の情景』。鳩のトレードマーク。MADE IN WAKAYAMA の表記。切手欄はTaisho, Hato Brandの表記。ヨーロッパともつながっていた神戸港。見送る人が手を振っている。神戸で建造の日本郵船の鹿島丸である。

手彩色　『神戸港の突堤』。切手欄は打出小槌のマーク。大型の客船の到着を待って人力車が待機し、観光客を乗せると市内へ急いだであろう。来日した外国人の旅行記には神戸の人力車についてふれた記述が時折見られる。

手彩色　『神戸メリケン波止場』。切手欄は打出小槌のマーク。迎えのランチを待つ人々で賑わう。海岸通の大阪商船のビルやオリエンタルホテルが見える。

手彩色　『神戸港内』。江戸時代からの伝統的な技術で造られた和船は、近代に入ってもかなり存在した。また瀬戸内海の塩飽の船大工が来て神戸家具の誕生に貢献したように、和船と神戸の文化の関係は注目される。

コラム1

「神戸の写真館・写真師」

手彩色大判写真「南山手と長崎港」。左に大浦天主堂（明治20年代後半撮影）20.7×26.5。大浦天主堂の側壁が下見板張り時代のもの。長崎は、潜伏キリシタン発見の地であり、また、日本への写真伝来の地であった。

絵葉書・ニエプス氏写真百年祭（大阪朝日新聞社）大正14年。

風景や人物を絵ではなく写真で記録することは、1826年のニエプス（仏）の最古の風景撮影で始まり、1837年にはダゲール（仏）がダゲレオタイプで現存最古の作品「美術家のスタジオ」を撮影、約10年後の1848年（嘉永元年）には長崎の上野俊之丞がオランダ船舶載のダゲレオタイプ一式を輸入した。同年、蘭学者箕作阮甫は『改正増補蛮語箋』で「dageurotypen」を印象鏡と訳した。嘉永4年には三田ゆかりの蘭学者・川本幸民がダゲレオタイプの実験を行い、3年後には『遠西奇器述』が刊行される。

安政4年には鹿児島で市来四郎らが島津斉彬のダゲレオタイプ撮影に成功し、文久2年には坂本龍馬や高杉晋作らの撮影で有名な上野彦馬が『舎密《せいみ》必携』を著し、長崎・中島川畔に上野撮影局を開いた。横浜でも下岡蓮杖がスタジオを開き、彼らが日本の写真の開祖となっていく。文久3年来日したフェリックス・ベアト（伊）や助手の日下部金兵衛（金幣）、横浜のファルサリ商会などが蒔絵アルバム（輸出・土産用）の日本各地の風景や風俗を撮影した。いわゆる「横浜写真」である。

では開港地の神戸ではどうか。すでに明治

神戸・市田写真館撮影、集合記念写真。明治。10.9×16.1。

長崎・上野彦馬撮影。明治。10.5×6.3。

神戸布引・砂子橋の写真館。凌雲堂の店舗写真。壁に英文広告が見える。明治。12×17.6。

初期の外国人居留地では写真館があり、英字新聞に広告が出ている。神戸では大阪から来た守田来三《らいぞう》、長崎の上野彦馬の弟・左次馬《さじま》、鯉川筋の横田朴斎らがいて、神戸教会のクリスチャン・市田左右太《そうた》も元町に写真館を開き『豪商神兵湊の魁《さきがけ》』には洋館の店舗が描写された。これは絵葉書でも見られる。2代目の秀治郎、3代目の幸四郎も有名である。この市田写真館は神戸のみならず関西を代表したが、明治〜大正期の神戸の写真館、写真師の撮影作品を集めていると、元町の平村徳兵衛、楠公社内の衣笠思静、裁判所前の永田、栄町の中村貞治、布引・砂子橋の英文看板の凌雲堂、中山手の江口写真館、元町の小島、大判手彩色写真を販売したと思われる深澤など、外国人居留地を持つ開港場らしく写真館・写真師が多い。

平村とAnryu Gorudo（仏）のように、彼らは西洋人と交流や修得をしたり、長崎で学んだりしたのであろう。その技術と感性は手彩色大判写真や、のちに絵葉書の製作に影響を与えたのではないか。横浜に比べ神戸の写真館、写真師の歴史は十分にまとめられていない。もっと作品と活動を掘り起こし、光があてられるべきである。

神戸・市田写真館撮影。明治31年。
10.4×6.2。

神戸平村写真館撮影。明治。10.8×6.5。

明治初期の神戸の手彩色写真。右端にヒョーゴ・ホテル。8.8×13.4。

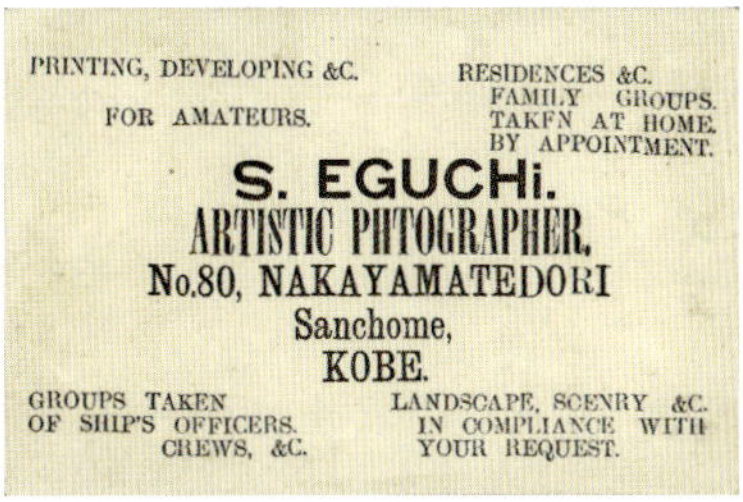
PRINTING, DEVELOPING &C.
FOR AMATEURS.
RESIDENCES &C.
FAMILY GROUPS.
TAKFN AT HOME.
BY APPOINTMENT.
S. EGUCHi.
ARTISTIC PHTOGRAPHER.
No.80, NAKAYAMATEDORI
Sanchome,
KOBE.
GROUPS TAKEN
OF SHIP'S OFFICERS.
CREWS, &C.
LANDSCAPE, SCENRY &C.
IN COMPLIANCE WITH
YOUR REQUEST.

神戸・江口写真館の名刺カード。7.2×11.2。

『開化よしこの』初期のカメラと近江八景。二代目貞信(長谷川小信)。明治初期。7.8×17.8。

元町

神戸一のワンダーランド

手彩色　『神戸元町一丁目』。郵便はかきのキはトンボ。美しく彩色され、「誓文払い」であろうか、商店街の賑わいが伝わる。右側にヤマトヤのシャツ、そして薬局の西村蘭更堂（明治15年創業）。左側の大時計から朝の9時半頃の撮影と思われる。大時計の向こうに写真館の英字看板が見える。

神戸の元町の絵葉書は、明治以来、１丁目、２丁目、３丁目といった商店街の通りを東西どちらかから見たものが多い。そして必ず、これはという派手なディスプレイの店がある。居留地に近く最先端の商品が流通していた場所で、英語の看板がとても多い。のちに街路は広く整備され、大型の洋風建築の商店も生まれ、絵葉書にはシルクストアの「ＮＩＫＫＯ」商会や、シャツの「ＹＡＭＡＴＯＹＡ」などが出現する。茶商の「放香堂」や薬店の「西村蘭更堂」、洋服の「柴田音吉商店」など今日も老舗として営業している商店の姿もある。

大正から昭和初期になるとスズラン灯が写り、「ハイカラ」から、モボやモガが歩く「モダン」へ、時代は変わっても常に神戸の最先端のショッピング街だったことがわかる。興味深いのは写真館の多さ

手彩色　『神戸元町通』。アメリカ宛。1912年消印。右側の人力車の奥の商店は英字看板を出している。靴の山﨑商店。原料直輸入とある。左側の洋館は日本火災保険神戸支店と読める。

手彩色　『神戸元町通』。元町の絵葉書では、やはり、英字の看板や大きな旗が目を引くものが多いが、大きな白い蝶がインパクトを与えている。これは神尾洋服店で、神尾栄太郎は神戸の洋服業界の指導者として活躍した。元町はユニークなデコレーションの店が多く、当初から「元ぶら」は楽しかったに違いない。

である。そしてライオンのマークで知られた「栄屋」や、裃《かみしも》の人物の看板の「為政」など絵葉書を製作、販売していた商店が写り、宣伝を兼ねた絵葉書になっているものもある。

この元町は筆者が『神戸レトロコレクションの旅』（２００８年）で紹介したように奇抜な飾りが店頭にあった店が多く、江戸川乱歩は横溝正史と「元ぶら」した時に見た神戸人形を「お化け人形」と表現した。鬼の腕に時計の「富士屋時計店」、屋上に象の舶来西洋食器の「袖岡商店」、大きな蝶の「神尾洋服店」、足袋の「福井」、大皿とフォークの「サイキ」、大鯛の「牧浦骨董店」、布袋の「ほていや薬局」、弁慶の鉄棒にぶら下がる時計の「イズミヤ時計店」……、元町は市民にとってワンダーランドだったのである。

手彩色　『神戸元町通誓文払の光景』。「誓文払」は言わば大安売り、バーゲンのようなイベントである。恵比寿や呉服屋などのたくさんの旗があがっている。洋装の女性も見える。右に見えるのは郵便ポストだろう。

手彩色　『神戸元町二丁目』。海外宛。1908年消印。日の丸があがっているので何かの記念日であろう。左側の商店は英字の看板もあるが少し奥の裃《かみしも》の侍の看板の店は「TAMEMASA」と読める。写真館でポストカードも売っている。為政は長崎から来た写真師であった。この為政の絵葉書袋には同じ裃の侍のトレードマークがデザインされている。

手彩色　『神戸元町通り』。イギリス宛。1936年。元町の商店街は大正2年に日本初のアスファルト舗装ができ、大正15年には「元ぶら」には欠かせず、歌にも歌われたスズラン灯ができた。左には大きな皿とフォークの「サイキ」の看板、奥にイースト食パンの看板も見える。

『市田写真館』。年賀状。明治41年。S.ICHIDA.KOBEの表記。大阪大日本麦酒（株）吹田工場技師長宛。市田左右太《そうた》の写真館は明治15年の商店ガイドともいうべき『豪商神兵 湊の魁《さきがけ》』にも登場する神戸の写真館の草分けである。市田は熱心なクリスチャンで、開業の利益を神戸教会に献げ、神戸の多くの写真、絵葉書を残した。

手彩色　『神戸元町通一丁目の景色』。右側には手彩色の大判写真も販売した写真館の深澤、左側にはカーペット（緞通）の井上商店など英字看板が見える。元町の手彩色絵葉書は各丁目を写し多種あるが、大きなアメリカの星条旗が出ているのは珍しい。

新開地、湊川、劇場

キネマのパラダイス

『（神戸名勝）　湊川遊園地』。切手欄は錨のマーク。KOBE AKANISHI製。「神戸タワー」は大正13年に開業し、東洋一の90メートルの高さで湊川公園に聳《そび》えた。エレベータで展望台に昇った。昭和9年からネオンが灯る。「ビオフェルミン」、「阪神電車」など絵葉書に広告が残る。昭和43年に取り壊された。

「朝日に輝く朝日館、水に流れる菊水館、看板でごまかす松本座、ええとこ、ええとこ聚楽館」と神戸市民に歌われた。筆者の親や祖母も「ええとこ、ええとこ聚楽館」と言っていたのを記憶している。

三宮が繁華街になるまでは、かつて、新開地は神戸最大の歓楽地で、その象徴とも言うべき聚楽館をはじめ、多くの劇場、映画館、寄席、料亭、カフェーが集まり、人々であふれていた。「西の浅草」とも称されるように活動写真や大衆演劇が盛んであり、東洋一という高さの神戸タワーや温泉もあって、長く神戸の庶民のエネルギーの活気に満ちていた。この神戸タワーは戦後、神戸ポートタワーの完成と入れ替わるかのように姿を消したが、筆者は小学生の時、夜の市電の車窓からこの神戸タワーを見上げて、夜空にそびえる巨大

手彩色　『神戸湊川新開地』。湊川本通の字の標識が見える。左は松竹座。右側の聚楽館の上には「アイススケート場」の字が見える。4階のスケートリンクは昭和9年12月に開場。正面はキリスト教会の湊川伝道館。大正4年、赤レンガで造られ、「神は愛なり」の聖句が掲げられた。1903年、イギリスでA・パゼット・ウィルクスやB・F・バクストンが日本伝道隊を創立した。歓楽地の中の教会は、多くの人々の魂を救済した。

手彩色　『神戸湊川新開地』。洋風建築の並ぶ劇場街。左から湊座、有楽館、朝日館、菊水館、松本座、多聞座、大正座、錦座、二葉館、栄館、キネマ倶楽部、千代之座……など続いていく通りである。松本座を過ぎると名物「びっくりぜんざい」があった。

『（神戸名所）　神戸上沢線と湊川トンネル』。フランス宛。1924年。トンネルを抜けて右側の大きな洋館は「藤井パン」。湊川トンネルは現存するが、市電が通る光景は見られなくなってしまった。

な塔のように感じたことを覚えている。

湊川トンネルの上の湊川公園には戦前、野外の音楽堂のステージがあり、「みなとの祭」の時は港踊りで多くの人々が集まった。また水族館もあり、これも絵葉書になっていた。映画発祥の地の神戸は、新開地で内外の映画を上映し、聚楽館をはじめとする各劇場では、これもまた内外から多くの音楽家や俳優を集めて、市民を魅了した。そして、賀川豊彦たちの指導する労働争議の大規模なデモ隊、みなとの祭など祝祭の歌や踊りも見られた。

神戸一の繁華街であった湊川新開地はまさに映画全盛時代へ、その歩みをともにしたキネマの街であり、絵葉書はこの銀幕のパラダイスの記憶を伝える。

手彩色　『神戸湊川新開地』。敷島館の前の賑わい。新開地を「Theatre Street」と紹介している。活動写真、大衆演劇、カフェー、料亭、寄席、あらゆる娯楽の集まる神戸最大の盛り場は、多くの絵葉書となった。

手彩色　『神戸相生座』。フランス宛。威風堂々とした洋風建築である。相生座は神戸駅近くにあったが明治38年に火災で全焼し、その後、明治40年に新開地に進出した。向かいは湊川勧商場で活動写真の電気館、日本館はこの勧商場の階下。相生座も大正14年より映画を上映。昭和初期、両隣は料理屋であった。

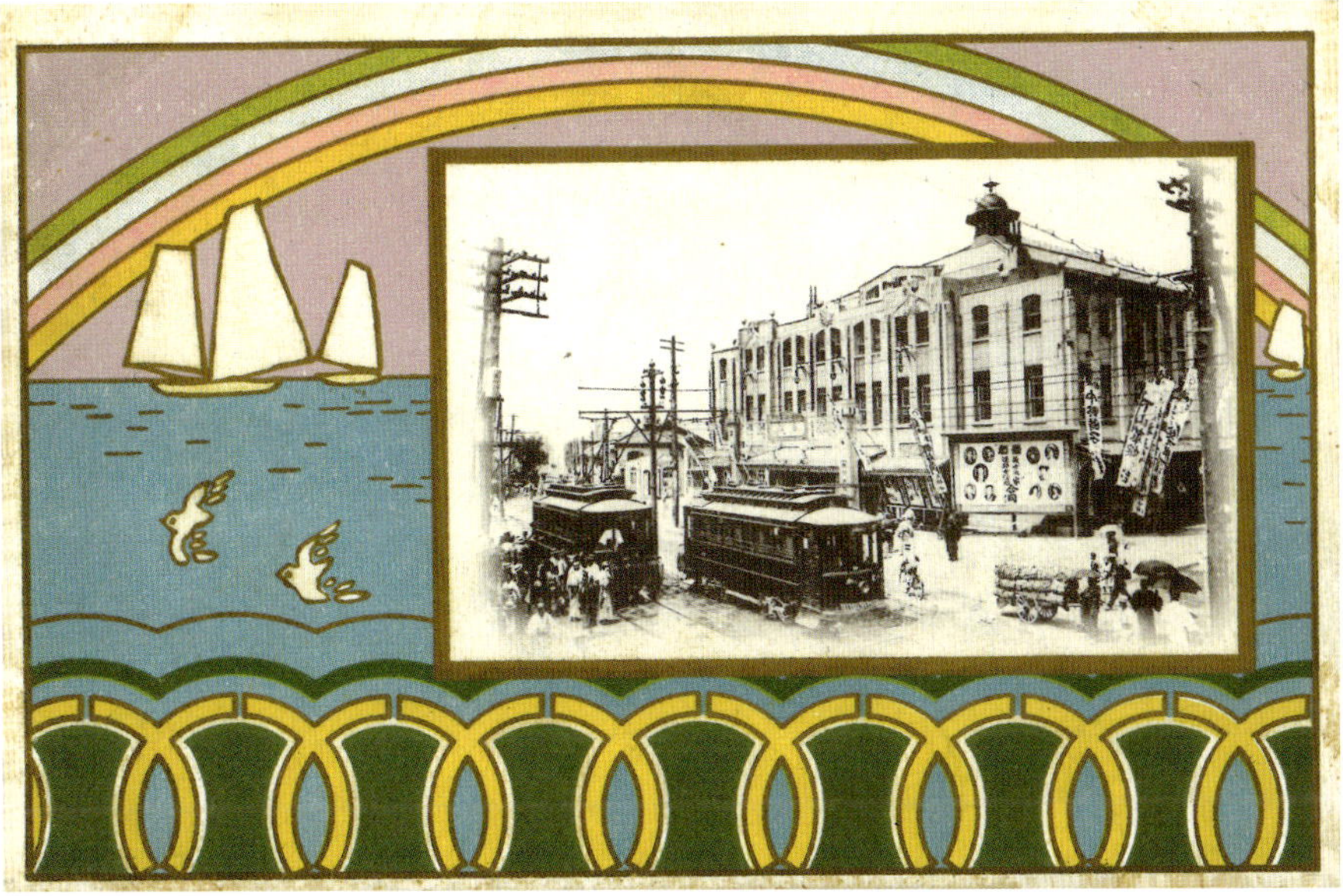

『神戸聚楽館前の市電』。市営記念。神戸市電気局発行。切手欄は市章。神戸光村印刷株式会社印行。神戸市章の連続したデザインが面白い絵葉書である。大正2年8月に神戸財界人の出資で誕生し、1500の椅子席を持つ大劇場であった。

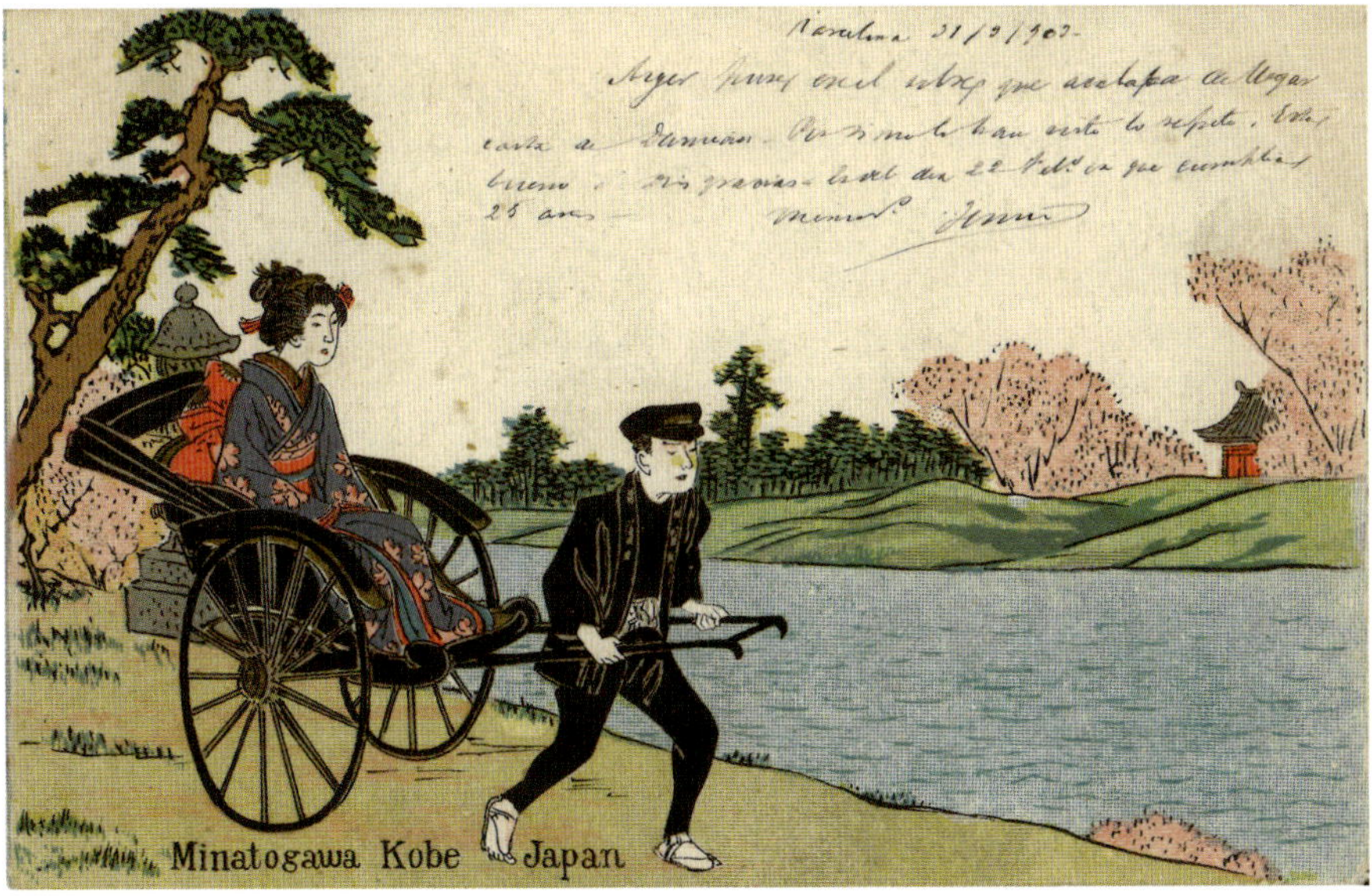

『Minatogawa Kobe Japan』。万国郵便連合端書。スペイン切手。1902年消印。桜や松の土手を人力車で走る女性。水害が多く、また両岸の大きな堤防が兵庫・神戸間の往来を妨げていたため、明治30年から、湊川の改修・付け替え工事が大倉喜八郎らの湊川改修株式会社によっておこなわれた。河川敷跡に明治34年にできたのが盛り場・新開地である。

三宮、三宮界隈、トアロード

ターミナルのにぎわい

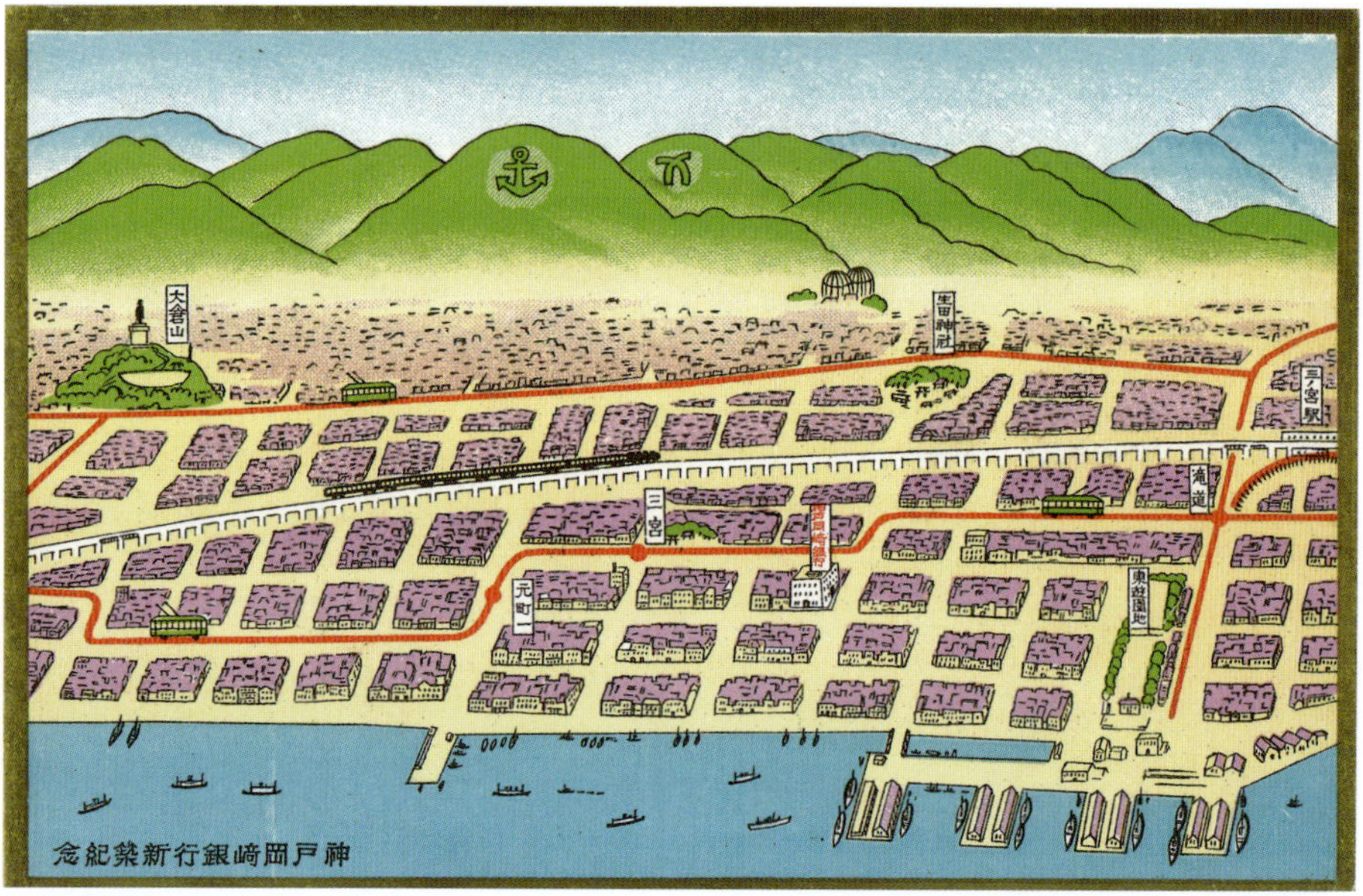

『神戸岡崎銀行新築記念』。昭和8年。高架上を走る省線の列車や、緑の市電の路線も描かれている。

現在、神戸の三宮はＪＲや阪急、阪神、神戸市営地下鉄、ポートライナー、市バスなどの交通機関の集まるターミナルを持ち、神戸の中心である。そして、三宮センター街をはじめ、さんちか、デパートのそごう、旧居留地の西方面に歩けば大丸、とショッピングの人々で賑わい、ＪＲ三ノ宮駅からフラワーロードを南下すれば市役所やルミナリエの終点の東遊園地がある。神戸の繁華街の中心は湊川、新開地からこの三宮地区に移ったが、それは駅周辺の整備や、百貨店の移転が大きな要因だろう。

経済の恐慌の中でも、昭和２年に大丸は今の明石町に移転して派手な開店で市民を驚かせ、そごうは昭和８年に現在地に進出して三宮の隆盛のもととなった。神戸の座標軸の中心の東への移動と言えよう。戦前の絵葉書にもこの三宮

『神戸回教寺院』。戦後の版画絵葉書。神戸ムスリムモスクである。昭和10年建築。

『三宮郵便局』。かなり大きな高層の郵便局である。1階のアーチ、大きな柱、高くとられた窓の並ぶ規則性が、近代的、機能的なビジネスビルを感じさせる。神戸の商業ビルや銀行、郵便局の絵葉書はとても多い。

のものが数多くあるが、どちらかというと、一宮、二宮、三宮と始まり七宮まで行く神社のうちの、大丸北東の三宮神社を中心とするものが多い。たとえば、トアロードへ上がる三宮神社西の交差点から北を見たアングルの絵葉書は、大判の手彩色写真の流れを継承して多く生まれたようだ。

このトアロードの名は、かつて坂を上りきった山手にあったトアホテルに由来するが、戦前の元町の片山絹物店が出した英文案内の裏面地図にはトアロードが「ＴＯＲ ＨＯＴＥＬ ＲＯＡＤ」と明確に記載されている。元町に近い三宮神社やトアロード沿いから生田神社界隈が本来の繁華な三宮であった。ターミナルとは、ローマ帝国の境界神テルミヌスに由来する。三宮は神戸の発着点なのである。

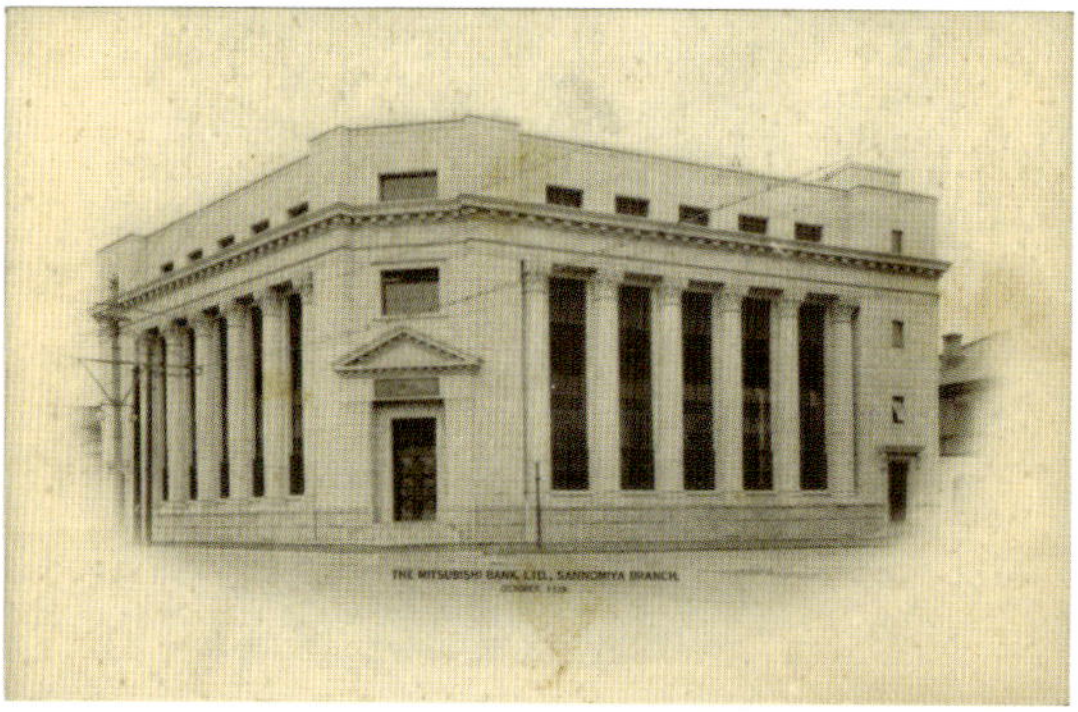

『三菱銀行三宮支店』。1929年11月。切手欄に三菱のマーク。大丸の東にあった。玄関扉には、ライオンの顔のブロンズ装飾があり、現在も残されている。また、立派な石のコリント式の列柱の大きな柱頭装飾は、建て替え後、保存され路上に飾られている。

『新港相互館』。「株式会社新港相互館竣工記念絵葉書・株式会社中島組」の一枚。昭和5年10月。税関前、生糸取引所の隣のアール・デコ建築である。現存する。

『神戸取引所新築記念』。昭和10年1月発行。大丸に近い居留地の浪花町。4連パノラマの絵葉書の一枚。背景に神戸市街。現在の朝日ビルディング。

手彩色　『神戸三ノ宮踏切通』。神戸後藤製。大丸の北東の交差点にある、神戸事件で有名な場所の三宮神社を右手に見て山の方向にトアロードを見る。左側の擬洋風の洋館の看板は、「WOO TAI」とある。中国系のテーラーであろう。

昭和6年に大阪毎日新聞社が附録として出した『西日本現代風景』という冊子がある。東京朝日新聞も『東日本新風景』という新年附録を出したことがあり、ともに洋装のモダンガールの絵の表紙である。『西日本現代風景』に紹介されたトアロードは外国人が多く異国情緒溢れる近代景観とある。

デパート

都市のランドマーク

『往来華やかなる三越附近の街景』。神戸元町の栄屋製。切手欄は栄屋のマークのライオン。西元町の三越百貨店。大正15年7月6日、元町デパートを引き継ぎ、三越呉服店神戸分店として開業。昭和59年には元町商店街の中に移った。左側には明治村に移築された大井肉店の擬洋風建築が見える。

神戸は近代都市として人口が増加し、昭和14年には１００万人を突破する大都会となった。次々と百貨店が大型化し、市民にとってデパートは都市の消費生活で欠かすことのできない存在となった。各デパートは舶来の商品を並べ、最新のファッションを提供し、食堂を備え、また展覧会や写真室、絵葉書も売る旅行案内所も設けた。呉服店から発展してきた老舗のデパートは高級品を扱うブランドイメージとステイタスを持った。

神戸の近代的なデパートの第1号は、新開地の白木屋である。神戸実業銀行の2階より上で大正12年開業し、日本で初めて客は土足で入店した。神戸の小学校は上履きでなく土足で過ごすことが特色と言われるが、欧米人の多い神戸だから百貨店もハイカラに土足になったのであろうか。神戸の各デ

『株式会社神戸実業銀行湊川支店』。のちの白木屋デパート。切手欄は「実」のマーク。大阪林欧文堂印刷。この建物は神戸の近代的な百貨店第1号となり、土足で店内に入る先駆となった。この白木屋ビルは震災で消えた。

『神戸元町通』。元町商店街時代の大丸。切手欄にライオンのマーク。SAKAEYA KOBE（神戸元町栄屋印刷）。大丸呉服店はもともと元町商店街の中にあったが、昭和2年、居留地北西角の明石町の現在地に移転した。

手彩色　『神戸瀧道附近』。現在のフラワーロードを市電が行き交うが自動車はまだ少ない。電車の停留所には地下道入口がある。そごうの壁面には「大阪行阪神電車」や大学対抗戦の垂れ幕が見える。神戸そごうは昭和8年10月1日に開店した。

パートは絵葉書に取り上げられ、大都会を象徴する景観となった。

昭和に入ると神戸らしいモダンな洋服や化粧品、靴が並び、モダンガールやモダンボーイ、そして休日には家族連れが、よそ行きの「ハレ」の服を着てちょっとお洒落して集まったであろう。興味深いのはデパートが神戸の芸術を牽引していたことである。たとえば大丸は増改築時のポスターに小磯良平のモダンな絵を使い、田村孝之介、別車博資、神原浩らが案内広告、絵葉書を作った。グラフィック・デザイナーの今竹七郎は意匠部・宣伝部で活躍し、モダニズム写真家で知られる中山岩太も写真部で活躍していたのである。神戸のデパートは単なる消費の場所ではなく、神戸の文化を創り出していたのである。

『三越呉服店神戸分店』。屋上のファサードのマークは元町デパート時代の「元」の字から、三越の「越」のマークに変わっている。開業を祝うかのように上空を飛行機が飛んでいる。

写真。神戸そごう開店（昭和8年。10月1日）。「一日店びらき」の垂幕とイルミネーション。個人撮影。10×7.5。

『株式会社神戸元町デパートメントストア』。のちの三越。神戸市元町6丁目（宇治川停留所前）。大正15年1月1日年賀状。

『神戸名勝　瀧道停留所附近』。切手欄に錨マーク。KOBE AKANISHI。省線電車（国鉄。現在のJR）の三宮駅ホームから見る光景の絵葉書である。右側に酒の富久娘の大きな看板が立っている。

手彩色　『神戸三宮通りの盛観』。切手欄に打出小槌マーク。市電や兵庫の「兵」ナンバープレートの自動車が大丸前を走る。大丸は昭和2年4月5日に元町4丁目から現在地に移転した。

ホテル

クラシックホテルの伝統

手彩色　『神戸グランドホテル』。もともと、グレートイースタンホテルと呼ばれていたが経営が変わりグランドホテルになった。居留地の西側、メリケン波止場から北上した鯉川筋にあり、東の居留地を向いている。和洋折衷の大きな擬洋風建築。

神戸ほどホテルの絵葉書の多い町も無いだろう。来日する外国人のために居留地の内外に多くのホテルが作られ、そのどれもが建築の美しさや神戸のハイカラな景観を構成して、絵葉書になった。

神戸のホテルの歴史は開港の頃にまでさかのぼる。オテル・ド・コロニーは草創期のホテルだろう。明治3年8月3日の『THE HIOGO NEWS』には居留地79番時代のオリエンタルホテルの広告が出ているし、のちの日本郵船ビルの場所には明治初期、ヒョーゴ・ホテルが営業していて手彩色の写真に写る。来日した外国人の紀行文にも、神戸のホテルはよく描写されている。オリエンタルホテルは移転ごとに絵葉書になり、神戸グランドホテル、プレザントンホテル、ミカドホテル、トアホテル、有馬ホテル、富士ホ

『摂津有馬　杉本ホテル』。英字看板が外国人の訪問の多いハイカラな有馬温泉らしい。玄関右側に「西洋御料理」の文字が見える。開業した杉本時松を流暢な英語を話せた娘のヨネが継いだ。キリスト教の宣教師たちの会合でもよく使われた。

神戸トアホテル・ラベル（戦前）

手彩色　『神戸トーアホテル』。切手欄に日の丸の扇子のマーク。神戸布引滝下中條商店発行。工部大学校を中退後、アメリカ・カナダに学んだ下田菊太郎の設計で、明治41年に完成した。全室バス・トイレ完備という画期的なホテルであった。

テル、六甲山ホテル、六甲オリエンタルホテル、塩屋シーサイドヴィラ、摩耶山ホテル（のちの摩耶観光ホテル）といったホテルが次々に絵葉書になった。戦前の『神戸及阪神沿線ホテル御案内』（関西ホテル協会兵庫県支部）に出てくるヤマトホテル、上沢ホテルなども絵葉書がある。

阪神間の宝塚ホテル、甲子園ホテル、苦楽園の六甲ホテル、夙川パインクレストホテルなどもさまざまな絵葉書になり、神戸・阪神間のホテル文化は、これらの絵葉書に記憶された。建築史から見ても、洋食の文化としてのメニューや食堂を見ても、あるいは谷崎潤一郎や稲垣足穂などの文学作品に出てくるホテルを見ても、これらの絵葉書との照合ができる。ホテルと神戸の文化は相互に影響し合って発展した。

『神戸市栄町三丁目　西村旅館』。和洋の建築が並ぶ旅館として撮影された絵葉書。神戸を代表する旅館で、旅館の宿帳から著名人の利用がわかる。昭和11年、植物学者・牧野富太郎が講演している。

ヤマトホテル・ラベル（戦前）。ヤマトホテル（大和ホテル）は、生田神社北側にあった。

『富士ホテル』。山本通にキャンパスを持っていた神戸女学院は、昭和に入ると西宮・岡田山に移転するが、残された明治期の校舎の理化学館が「富士ホテル」として開業した。「扇港が誇る国際観光ホテル」と開業の一面広告が神戸又新日報に出た。戦時中には海軍将校の水交社、戦後は進駐軍の接収、オリエンタルホテルの支店と変遷し、やがて姿を消してしまった。

手彩色　『Tor Hotel, Kobe, Japan』。横浜製の絵葉書。この北野町の優美なトアホテルは他にも食堂や庭園、コージーコーナーなどが絵葉書になった。進駐軍の接収後、昭和25年、失火で失われてしまった。

『ROKKOSAN HOTEL』。暑中見舞。宝塚ホテル、六甲山ホテル連名。昭和4年消印。東京市外調布村宛。この2つのホテルを設計したのは、古塚正治。六甲山ホテルは昭和4年に宝塚ホテル（大正15年）の六甲山分館として開業した。

『THE MIKADO HOTEL, KOBE, JAPAN』。宇治川筋、現在の神戸中央郵便局の西向かいにあったホテル。西洋料理自由亭を源流とする自由亭ホテルの地に大きなミカドホテルは誕生し、絵葉書にもよく登場した。港からの送迎用の専用ランチも絵葉書になった。のちに鈴木商店の社屋となるが、大正7年8月12日の米騒動の焼き討ちで姿を消した。

手彩色　『ARIMA HOTEL, ARIMA』。有馬温泉遊覧図裏面の『有馬温泉誌』（大正5年）には、外国人の宿泊できる旅館として有馬ホテル、杉本ホテル、増田ホテルが出ている。有馬ホテルは、『マレー日本案内記』（1907年）にも紹介されている。素晴らしい擬洋風建築である。

『神戸市　摩耶山温泉ホテル』。摩耶鋼索鉄道株式会社。神戸丸善印刷所印行。昭和4年竣工。「山の軍艦ホテル」として親しまれた。摩耶山ホテルとする絵葉書も多い。摩耶山上にアール・デコ調のモダンなホテルが出現し、多くの絵葉書に登場した。建物は戦後まで使用された。

オリエンタルホテル・ラベル（戦前）。アール・デコのデザイン。

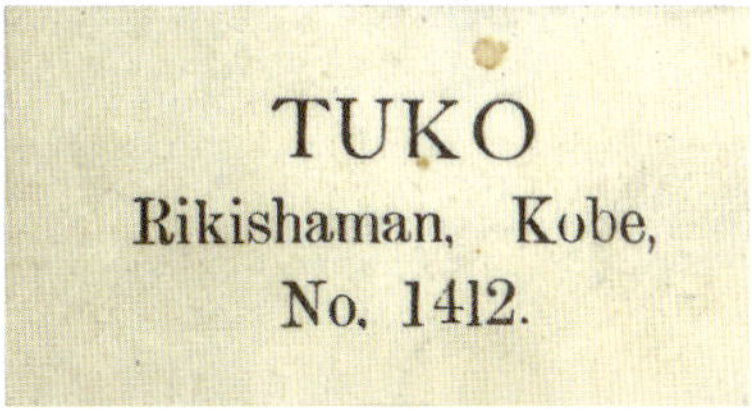
TUKO
Rikishaman, Kobe,
No. 1412.

神戸の人力車・通行札（戦前）。

オリエンタルホテル・ラベル（戦前）。

手彩色　『PLEASANTON HOTEL, KOBE』。切手欄は富士山と松原の絵。神戸プレザントンホテル。正面上部のファサードに大きく英字でホテル名が出ている。庭園を撮影した絵葉書もある。

『ORIENTAL HOTEL Ltd, NEW BUILDING, KOBE, JAPAN』。郵便万国連合端書とこの順で表記。日本ではなく外国の風景のように思える絵葉書。この中の絵のロビーや大食堂などの絵葉書も多い。明治40年完成。4階建て、客室73の大ホテルである。

オリエンタルホテル・ラベル(戦前)。

『オリエンタルホテル』。この居留地の海岸通6番に大型のホテルを設計したのはドイツ人のゲオルグ・デ・ラランデ。彼は、明治38年完成の、ドイツ人トーマスの邸宅、「風見鶏の館」も設計している。オリエンタルホテルは谷崎潤一郎の『細雪』にも登場する。この絵葉書は震災後、居留地25番に再建された神戸オリエンタルホテルの1階エントランス奥に大パネルにして展示している。

『The Oriental Hotel, Bund, Kobe, Japan.』。オリエンタルホテル英文広告。切手欄に郵便料金説明(1／2SEN, DOMESTIC, 6SEN FOREIGN)。

手彩色　『神戸オリエンタルホテル』。1905年、ニューヨーク消印。当初、京町の80番にあった時代のオリエンタルホテルである。人力車が前に並ぶ構図は大判の手彩色写真や絵葉書にとり上げられた。

キリスト教会

神と人に仕えて

『神戸市下山手通七丁目天主堂』。下山手カトリック教会。欧文。明治43年に完成。阪神・淡路大震災で被災し、「天主堂」「天主公教会」の石柱が残る。神戸では中山手カトリック教会も美しい天主堂であったが、震災で姿を消し、カトリック神戸中央教会となった。

開港した神戸に次々と神父や宣教師が燃えるような信仰を持って上陸した。それは新約聖書の「全世界に行って、すべての造られたものに福音《ふくいん》を宣《の》べ伝えなさい」（マルコによる福音書16章15節）の通りであった。最初は小さくても彼らが神戸に蒔いた神の愛の種はその後、成長して枝を張り、大木となり、神戸の歴史や文化に多大な影響を与えた。横浜とともに神戸でも讃美歌が作られ、居留地では聖書を出版した。小さな会堂には日本人の信者も増えるようになり、キリスト教の教会や伝道所は燎原の火のごとく広がった。

『神戸開港三十年史』にはキリスト教の増大に対しての仏教側の反発や妨害が記録されている。明治6年に国際社会の批判で新政府がやっと「切支丹邪宗門禁止」の高札を撤去しても、キリスト教に

『神戸青年会館（神戸YMCA）』。大正2年完成のキリスト教青年会館。ヴォーリズ建築事務所設計。神戸YMCAは東京、大阪、横浜に続き4番目に明治19年創立。キリスト教青年会館は教育・スポーツ・文化・社会活動に熱心であり、アインシュタインや孫文、武者小路実篤、竹久夢二などの講演も開催された。賀川豊彦の『死線を越えて』が大ベストセラーになった改造社が、アインシュタインを日本に招いた。バスケットも日本で初めて紹介された。YMCAの絵葉書は各時期、出ている。

『神戸市熊内神戸神学校』。現在、跡地には、記念の石碑のみ残る。明治40年、熊内1丁目にアメリカ南長老教会によって設立され、賀川豊彦も学んだ。昭和2年には中央神学校と改名。太平洋戦争開戦と同時に投獄など迫害を受け、昭和17年廃校。その後、神戸大空襲で焼失した。また、神戸には関西聖書神学校が戦前から塩屋にある。

対する偏見や反発は残っていた。しかし宣教師や信徒たちの献身的な活動によって、神戸女学院などのミッションスクールが次々と神戸に創立され、幾多の人材を輩出した。

　日本最初のキリスト教定期刊行の新聞『七一雑報』の発行、幼児教育、西洋音楽の普及、文学、美術、社会福祉事業、病院建設や医療活動、ＹＭＣＡ、ＹＷＣＡ、文化講演会やスポーツ、農民運動、労働運動、そして神戸教会の塚本永堯のように六甲山整備でも神戸のキリスト教は先駆的な貢献をおこなった。教会は新築、献堂式などで多くの絵葉書を出した。筆者は神戸出身の賀川豊彦の署名入り聖書を持つ。父は若い頃、神戸の教会で賀川の説教を聴いたことがあった。彼の姿も絵葉書に残る。

『日本基督教団神戸教会』。別府教会内宛。戦後の昭和30年代か。1932年落成。戦時中は空襲のため黒く塗られた。教会前に米軍機の爆撃で損壊した市電の敷石が置かれている。神戸のプロテスタント教会で、明治初期からの歴史を持つ。同志社、神戸女学院とのつながりの深い教会である。

『神戸教会・礼拝風景』。「神は愛なり」の聖句が掲げられている。正面左のオルガンが豪華である。

手彩色　『神戸浸礼教会(Baptist)』。アメリカ宛。1908年消印。浸礼とは、洗礼(バプテスマ)のことをさす。

手彩色　『日本メソヂスト神戸中央教会』。現在の日本キリスト教団神戸栄光教会。宛名欄中央に1924年2月17日献堂の文字。アメリカの南メソヂスト監督教会の、W・R・ランバスは父とともに神戸を拠点とした伝道に尽力し、栄光教会や関西学院などを創立した。栄光教会は明治19年9月17日創立。県庁前のランドマークであった会堂は阪神・淡路大震災で倒壊したが、この大正13年の会堂のデザインを継承して再建された。関西学院とのつながりが深い。

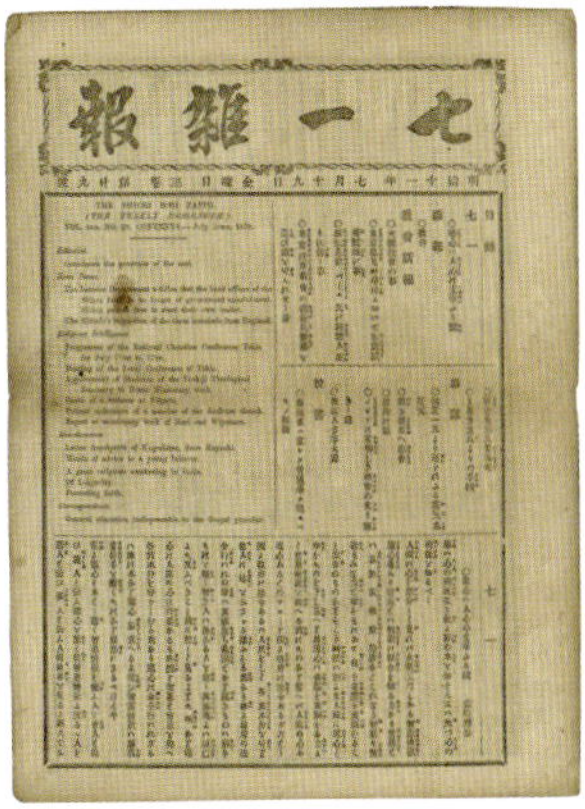
七一雑報

『七一雑報』。明治11年7月19日 3巻 第29号。

『日本基督神港教会　献堂記念』。神戸市下山手通三丁目。大正7年4月16日。献堂式の礼状で、「満堂の盛況、12名の受洗者出た」とある。戦災で焼失した。

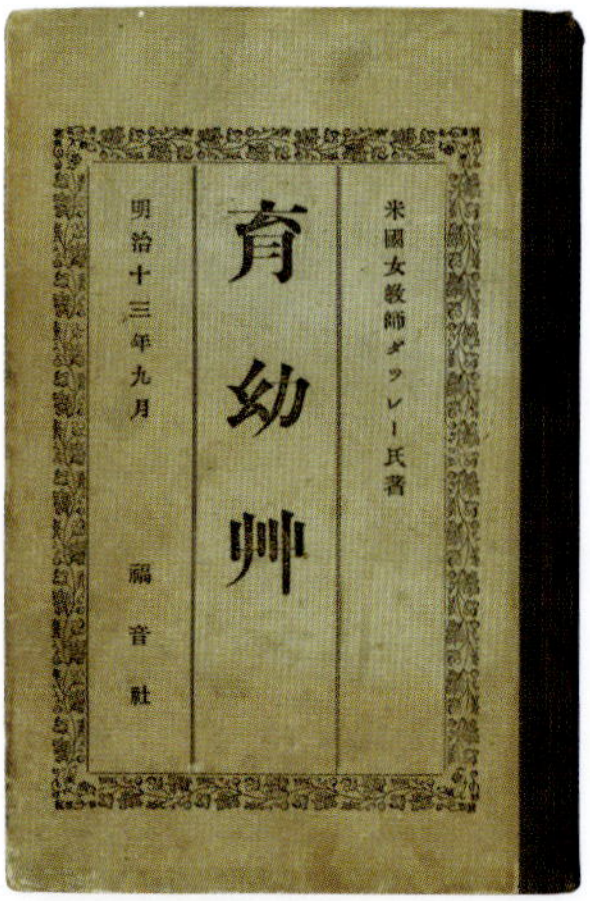

神戸女学院創立者ダッドレー著『育幼艸』（こそだてぐさ）。育児書。明治13年（筆者蔵）。

労働者のデモ隊の先頭の賀川豊彦。驚異的なベストセラー『死線を越えて』や、神戸での社会活動、生活協同組合などで著名な牧師賀川は、日本最大と言われた川崎三菱労働争議では、3万数千人の労働者の闘争を指揮した。

『神戸教会四十年紀年祝会』。第Ⅲ期の旧会堂写真。大正3年。出席者に記念として贈呈された。切手欄にオリーヴの葉のデザインか。市田合名会社印刷所印行。灯台は世を照らす意味であろう。明治7年4月19日、摂津第一公会として神戸教会は誕生した。神戸で最初の日本人教会であった。

『神戸栄光教会・礼拝風景』。日野原善輔牧師の説教。

手彩色　『兵庫浸礼教会』。上部に「兵庫浸禮教會」（HIOGO BAPTIST CHURCH）の看板が掲げられている。日曜学校のようである。こどもたちの着物を一人ずつ丁寧に彩色した絵葉書である。

『救世軍神戸小隊少年軍』。郵便はがきのキはトンボ。救世軍は神戸でも歳末の社会鍋で有名だが、同志社を出た山室軍平が指導者として著名である。左端の少年は太鼓を持っている。

『日本メソヂスト神戸教会日曜学校』。旧会堂。大正8年3月16日撮影。父である日野原善輔牧師とともに、幼少期の日野原重明氏も写っていると思われる。差出人は岡山県内の弟に「毎日曜、1時間ほど歌を歌ったり、面白い話をしたり」と「日曜学校」を説明している。神戸栄光教会は居留地47番からスタートし、会堂は変遷していった。

『Missionary Home, №7, Wakinohama 1－chome, Kobe, Japan』。宣教師の家、活動拠点の一つ。脇の浜にあった。

『神戸海員ホーム置礎式』。大正9年に設立された。礎石は千九百二十年と刻まれている。神戸に来たフォス主教を中心とするイギリス聖公会は教育とともに海員伝道にも熱心で、「海員伝道会」を設立している。

神社仏閣

信仰を集めて

手彩色　『兵庫和田神社』。万国郵便連合端書の表記。和田岬の三菱造船所近くの和田神社。兵庫津の往時の繁栄を偲ばせる。左右の照明が、ハイカラである。

神戸の神社仏閣の絵葉書は観光地だけに多く、「神戸」の名の由来になった生田神社は明治初期の古写真から登場して絵葉書にも表現され、さらに、湊川神社、長田神社、平野の祇園さん、諏訪山稲荷、和田神社、駒ヶ林神社や敏馬神社、須磨寺、摩耶山天上寺、モダン寺、築島寺、兵庫大仏の能福寺など、有馬温泉の神社仏閣と合わせて、多くの寺社が絵葉書に取り上げられた。参詣客や観光客、外国人の土産として、約9×13㎝の小さな絵葉書は、その掌中に入る大きさで旅先の記憶を共有できるから商品としても人気があったのであろう。

明治33年に私製葉書が認可され、本格的な絵葉書の誕生となったのだが、それは同時に神社仏閣が「近代化」の嵐の中に突入していたことを意味する。生田の門前には

手彩色　『神戸生田神社祭礼』。郵便はかきのキはトンボ。大黒屋商店や英字のWATANABEなど商店の並ぶ通りに、人があふれている。生田神社は多くの絵葉書に取り上げられた。

手彩色　『神戸生田前』。左に銘茶の店が見える。生田神社は門前のにぎわいなど、多くの絵葉書になった。この風景を現在と比較すれば、その変わりように驚く。ライオンのマークが見えるので元町の栄屋製であろう。

英字看板の商店が建ち、湊川神社はフランス製の絵葉書さえ出ていた。神戸に来た牧師で日本アルプスを世界に紹介した登山家はウォルター・ウェストンである。彼が住んでいた家の近くに能福寺の大仏があり、彼はその顔を仏教の理想的な表情と見ていたが、よく見ると額の中心に電球が取り付けられていたことに気づいて、近代文明を「継ぎ木」していると驚いたことを著書の中で述べている。神戸の神社仏閣もまた近代化の嵐の中にあった。

大正14年に神戸市神職会が出した写真集『扇港今昔対照写真帖』を見ると、明治以来の文化的都市の発展が（名所旧蹟の）遺跡を消滅させてきたと嘆いている。

神社仏閣の絵葉書をよく見ると、この神戸の近代化にどう影響されてきたかがわかる。

手彩色　『神戸湊川神社』。アメリカ宛。1910年消印。展示されている大砲はロシアからの戦利品。当時、大阪の中之島公園など各地で大砲が展示され、戦意高揚と戦勝祝賀に使われたと思われる。

手彩色　『神戸楠公社表門』。多聞通から見る光景。これもライオンマークなので元町の栄屋製。湊川神社は境内にも多くの店ができて市民が訪れ、「楠公さん」と親しまれた。

手彩色　『神戸楠公社御祭礼行列』。三重県内宛。大正3年。湊川の合戦で戦死した楠木正成を祀る湊川神社は、明治5年に造営。昭和10年は「大楠公六百年祭」が開催された。

『神戸三ノ宮神社内招魂碑除幕式紀念集会』。日露役 戦病死者。明治40年消印。スタンプ。招魂碑の除幕式のこどもたちの記念撮影。

『神戸モダン寺』。昭和5年、シルクロードの探検隊で有名な大谷光瑞が建てた。浄土真宗の本願寺神戸別院。モダン寺という名で市民に親しまれた。現在は、新しい建築デザインになっている。この絵葉書のセットは紫色に印刷した内陣も含まれる。キリスト教会のようなステンドグラスを持つ。

手彩色　『神戸諏訪山稲荷神社』。英文私信。1911年。この神社界隈の大判写真や絵葉書は多い。近くには、白い異人館トムセン邸もあった。現在、華僑の信仰も集めている。

手彩色　『神戸摩耶山(天上寺)』。毎月講の石柱とガス灯がハイカラである。摩耶山は参道の石段の人々やその上のガス灯、多宝塔、赤松親子の塔など絵葉書や手彩色の大判写真が多く、大正14年から営業の摩耶ケーブルの光景と合わせ、多種多様な絵葉書が生まれた。

長田神社。明治43年3月20日スタンプ。兵庫電気軌道株式会社開通記念。(ポルトガル領事モラエスの本国の妹宛て絵葉書に同一のもの)

手彩色　『兵庫能福寺大仏』。郵便はかきのキはトンボ。1910年記念スタンプ。「兵庫の大仏さん」は明治24年、急速に勢力を拡大するキリスト教に対抗し鋳造されたが、神戸観光名所となる。右側に珍しかった電灯が見える。現在、境内にはジョセフ・ヒコの英文碑もある。

栄町通から西の金融オフィス街

神戸のウォール街

『三井銀行神戸支店新築営業所』。のちの第一勧業銀行。大正5年完成。切手欄に三井のマーク。優美なエンタシスのイオニア式円柱は岡山県から切り出された花崗岩という。栄町通を代表する美しい近代建築だったが、阪神・淡路大震災で姿を消した。

神戸の居留地の西端、鯉川筋からT字に西の宇治川の神戸中央郵便局方面にのびる栄町通は、「商業と金融の町、栄町通」という絵葉書のタイトルを見ることがあるように、銀行や保険会社などが集まる、戦前の神戸のビジネスの最先端の通りであった。企業にとって社屋のビルの新築や改築、移転記念の絵葉書を出すことは、かつての明治期の大きな引札とも、新聞広告とも違う、新しい広告メディアであったのだろう。

記念品（粗品）として顧客に配布されたのか、栄町通の企業の絵葉書は多い。錨や海の波、布引の滝など「神戸」らしいデザインも見られる。栄町通の企業の絵葉書の例を見てみると、旧横浜正金銀行神戸支店（大正８年。のち安田信託銀行ビル）、４本のイオニア式円柱の村井銀行神戸支店

『(神戸名勝)栄町通の壮観』。
切手欄は錨のマーク。

『株式会社第一銀行神戸支店外景』。大林組をへて、外壁保存。現・地下鉄海岸線みなと元町駅。明治41年。切手欄に内国1銭5厘切手、外国には4銭切手の表記。光村合資会社製。明治の建築界を代表し、東京駅や日本銀行本店を設計した辰野金吾らしく、レンガの赤と花崗岩の白のコントラストが美しい。

(大正9年。2丁目。のちの日産ビル)、ロビー内の円柱が優美な日本海上保険株式会社(大正9年。2丁目)、山口銀行神戸支店(大正12年。2丁目。河合浩蔵設計)、安田銀行神戸支店(大正15年。1丁目。のち富士銀行ビル)、大阪朝日新聞神戸支局(昭和4年。5丁目)、第三十八銀行神戸支店(3丁目)や通りの東の第十五ビルディング、西の端には三越新館(昭和14年。元町6丁目)やレンガ造の郵便局(現・神戸中央郵便局)などが目にとまる。多くの近代建築は姿を消し、絵葉書の中に記憶されている。栄町の西端の「三越新館絵葉書」は新築完成を「扇港に店旗は高く」と意気込みを込めて出され、グリーンの市電も描かれたモダンなデザインのものであった。

『神戸三越新館』。昭和14年。

『東京倉庫会社事務所』。のちの三菱銀行神戸支店。明治41年5月記念スタンプ（ファミリア本社となり、さらにマンションに改変中）。明治33年築。唐津藩出身で戊辰戦争でも戦った曾禰達蔵の設計。戦災で屋根の三角部分を失うも、神戸を代表する近代建築であった。銀行ロビーとして1階は広く、大きな金庫があった。

『神戸住友ビルディング』。栄町通1丁目。大丸の西向かいの栄町通の南角にあった。昭和9年完成。アーチ窓の下の長く細い石柱は唐草文のような植物の浮彫で優美だったが、この美しいビルは最近、姿を消してしまった。

手彩色　『神戸相生橋の写真館』。栄町通より西方。PHOTOGRAPHERの看板を掲げる大型の洋館。神戸には開港の頃から居留地をはじめ、周辺にも多くの写真館があった。元町の平村写真館、小島写真館、栄町通の中村写真館も有名である。

手彩色　『神戸栄町通郵便局前』。右側に神戸新聞社、右手奥にのちの三菱銀行神戸支店。神戸新聞社は栄町6丁目61番屋敷であった。神戸新聞社の明治40年代の社屋の写真を見ると前に社用の人力車がとまっているものがある。スコットランド宛。1907年消印。『神戸電車唱歌』に「実《げ》に商業の中心と　栄ゆる町の名もしるく　銀行、会社、新聞社、郵便、電信、電話局」の歌詞がある。

須磨・塩屋・舞子

天下の景勝地

手彩色　『神戸名所　舞子の浜』。HOSHINOYA YOKOHAMA製。切手欄は星のデザインのトレードマーク。舞子の浜の松林は素晴らしく、江戸時代には江戸参府のシーボルトも通っている。手彩色の写真でも絵葉書でもよく取り上げられた。

須磨、塩屋、舞子と、明石までの白砂青松の海浜が、多くの白帆が波間を往来する明石海峡を見る、わが国随一と言える景勝地になったのは、遠く古《いにしえ》の時代からで、多くの詩歌や文学、また名所絵、浮世絵に取り上げられてきた。在原行平の松風村雨伝説やそれにちなむ松風町、村雨町、衣掛町、舞子などの地名、そして一ノ谷、須磨寺、敦盛塚など源平合戦ゆかりの旧蹟も多く、多くの市民や来日した外国人に親しまれてきた。シーボルトの『江戸参府紀行』では、舞子の浜で素敵な海の景色に見とれたことが述べられている。

明治以降は気候温暖、空気清浄の住宅地、保養地、郊外別荘地として、発展した。今も残る旧グッゲンハイム邸、ジェームス山などの洋館（異人館）、子規も滞在したような療養の病院や、松風を聴く

『鐘紡舞子倶楽部　海上より見たる全景』。神戸光村印刷株式会社印行。旧武藤山治邸。明治40年完成。洋館のバルコニーは傷みで昭和57年に撤去され、また一時移築したが、現在、舞子公園の移情閣近くに復元され移転。

『舞子が浜より淡路島眺望』。鐘紡舞子倶楽部を写した絵葉書は他にもあるが、バルコニーと淡路島、海峡をゆく船を組み合わせた構図は秀逸。

料亭も多くつくられた。海水浴場や海沿いを煙を上げて走る蒸気機関車なども含め、それらの景観は多くの絵葉書に取り上げられる。明治期には手彩色写真など土産・輸出アルバム用の写真が出ていたが、明治後期からは幾多の絵葉書の舞台となった。武庫離宮や月見山も絵葉書によく取り上げられた。

明治39年には山陽鉄道（現・山陽本線）が「舞子遊覧列車記念」のカラー絵葉書を出している。明治43年の兵庫電気軌道（山陽電車）の兵庫—須磨間開通もあり、須磨寺の一帯も大池のボート、菊人形、動物園、夜桜に梅林、延命軒、多くの料理屋に温泉、と一大遊園地となって、絵葉書は増加した。蕪村の「春の海終日《ひねもす》のたりのたりかな」の句の風情の海は絵葉書も今も変わらない。

『須磨の浦　境ケ浜海水浴場』。海辺の納涼。切手欄は日の丸の扇子。まさに摂津国と播磨国の国境といえる海浜。須磨の海水浴は昔から人気だった。シマウマ水着が時代を語る。

手彩色　『神戸須磨海岸』。切手欄は打出小槌マーク。海水浴場というより漁村のたたずまい。背景は鉢伏山。手前の舳《へさき》先は和船であろう。

『須磨の浦　境ヶ浜海水浴場　女子部水泳術』。昭和初期のモダンな時代の海水浴である。いわゆるシマウマ水着に笠の時代からは隔世の感がある。市民生活の中で須磨で海水浴を楽しむのは、普通の光景となった。

『涼風求めて　須磨の浦沖の壮挙』。切手欄に日の丸の扇子。残暑見舞。広島市内宛。帆を張ってセーリングしている絵葉書。海に入り泳いでいるのを「壮挙」としたのであろうか。

『舞子浜と須磨浦』。柿本人麻呂の「ともし火の明石の大門に入らむ日や漕ぎ別れなむ家のあたり見ず」、源兼昌の「淡路島通う千鳥の鳴く声に幾夜目覚めぬ須磨の関守」、松尾芭蕉の「蝸牛《かたつむり》角ふりわけよ須磨明石」の歌のように、古来より多くの歌人に詠まれた。西武鉄道管理局営業課発行。

手彩色　『The Oriental Hotel's Seaside Villa, Shioya, near Kobe』。塩屋には外国人の洋館や別荘が並び、風光明媚なリゾート地となっていった。ジェームス山や旧グッゲンハイム邸などが残る。旧ジョネス邸は残念ながら姿を消した。シーサイドヴィラはオリエンタルホテルの支店であった。

省線(国鉄)・市電

軌道《レール》は夢を乗せて

手彩色　『神戸栄町通り』。切手欄は打出小槌のマーク。商業・金融のビジネス街の中心である栄町通を走る市電。6本の優美なイオニア式の列柱の三井銀行神戸支店前を走っている。

子どもの頃、市電の走る道路を「電車道」と呼んでいた筆者は、神戸まつりの時、夕闇せまる中を華やかなイルミネーションで飾られた花電車が次々と走り去るのを見たいために電車道に駆けていったものである。東洋一といわれたモダンなグリーンの市電は、市民の足であり、また誇りでもあっただろう。

自動車急増の時代の中で市電が廃止された時、多くの人が嘆き、その別れを惜しんで、三ノ宮や大丸前に集まったのである。神戸は大切なものを失った。ヨーロッパの主要都市の公共交通としてのトラムや、排気ガスを出さない環境共生型社会、神戸の歴史と街並みを観光客にゆっくりと楽しんでもらうことを考えた場合、あの六甲山の緑をイメージした路面電車が市内を縦横に走った時代の光景を未来にもう一度、よみがえらせる必要がある。

手彩色　『神戸多聞通』。英文下書き。美しく彩色されている。たばこ屋など商店の前を走る。神戸電気鉄道が開業したのは明治43年（1910）4月5日。神戸で最初の市街を走る路面電車であった。

『神戸市内省線高架鉄道　兵庫駅』。切手欄はライオンの絵。神戸元町栄屋発行。鉄道省の列車、省線（国鉄）が神戸を東西に貫く高架を走行する絵葉書はたくさん作られたが、これは、モダンな兵庫駅の駅頭である。

汽車、電車は神戸市民の生活の中に重要な役割を果たし、その走行する姿や駅舎は多くの絵葉書になった。明治初期、二代目長谷川貞信が「神戸名所之内　蒸気車相生橋之景」という錦絵で、新しい文明開化の象徴ともいうべきイギリス製の蒸気機関車を多くの人が相生橋から眺めようと集まっている様子を描いたように、鉄道は神戸の名所であり、市電や、阪急・阪神などの私鉄も、名所としての絵葉書の重要な要素となった。昭和初期に行われた市内の国鉄の高架化は、神戸を東西に貫く線路を走る光景の絵葉書を生み出す。産業革命期のイギリスのターナーが鉄道を描写したように、近代化していく都市の新しい象徴になったのである。

『神戸電気鉄道株式会社』。市電の前身。布引線開通記念。切手欄は「神」の字のデザイン。神戸光村印刷株式会社印行。明治45年、滝道―熊内1丁目の布引線開通。

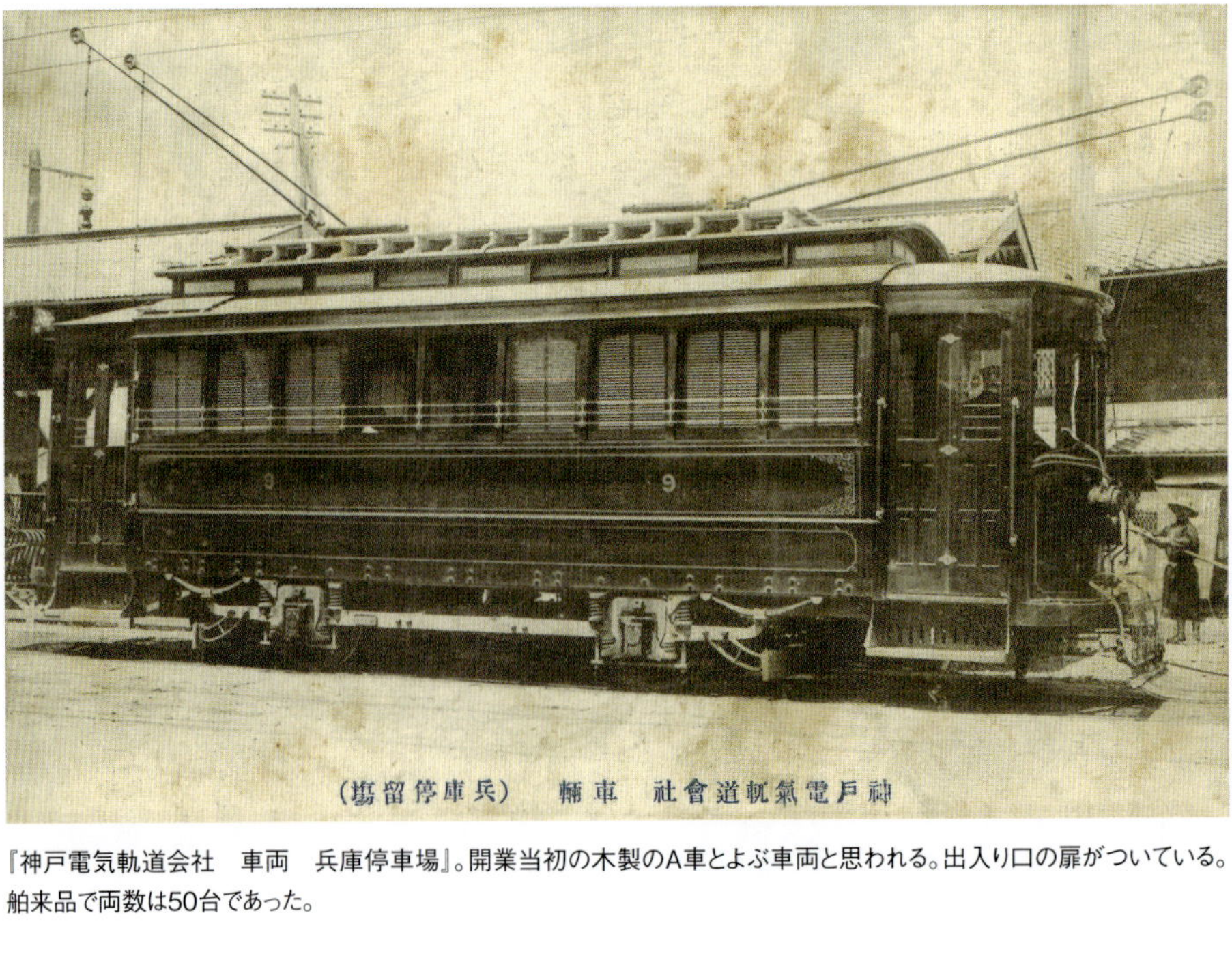

『神戸電気軌道会社　車両　兵庫停車場』。開業当初の木製のA車とよぶ車両と思われる。出入り口の扉がついている。舶来品で両数は50台であった。

『神戸電気株式会社兵庫線一部開通紀念』。神戸市電の前身。切手欄は「神」の字のデザイン。神戸光村印刷株式会社印行。神戸電灯と神戸電気鉄道が合併し神戸電気（株）が発足したのは大正2年。この年、兵庫線が、楠公前―島上町、島上町―西柳原の順で開通した。

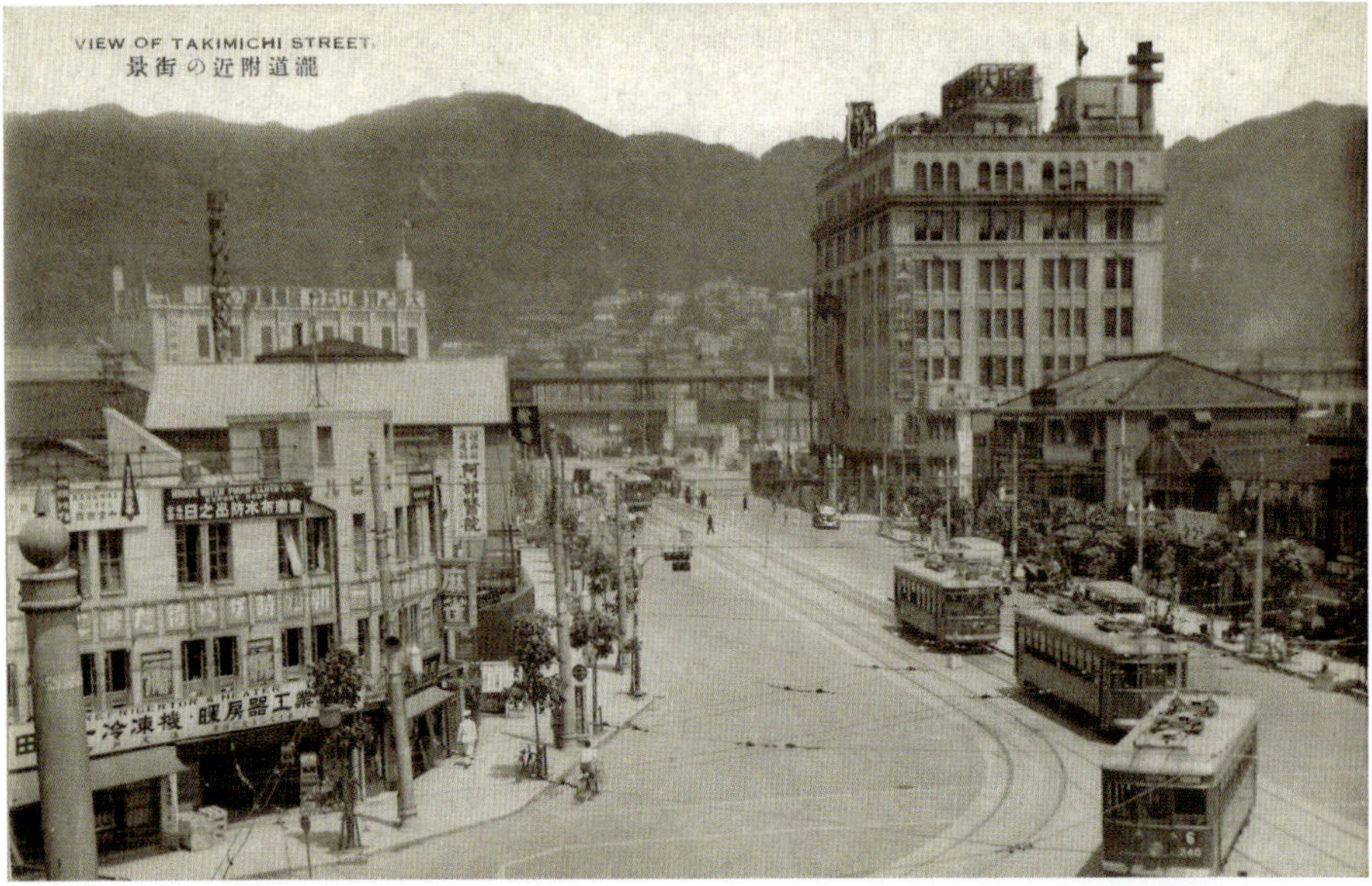

『瀧道附近の街景』。今のフラワーロード。そごうの南、国際会館あたりの景観は、市電が並ぶ時もあり、よく絵葉書になった。北の阪急神戸駅（三宮駅）の屋上の「大阪ゆき特急」の広告が見える。

『英国東宮殿下歓迎紀念　神戸市の花電車』。切手欄に錨マーク。赤レンガの車庫前か。1922年来日のプリンス・オブ・ウェールズ（エドワード8世。ウインザー公）の歓迎。裕仁親王（のちの昭和天皇）の訪欧の返礼としての来日。のちに「世紀の恋」「王冠を賭けた恋」で知られる。『神戸市史』によれば歓迎のための追加予算を組み、歓迎文を議定した。

『三ノ宮駅』。神戸駅、兵庫駅とともにクラシックな公共建築のたたずまいを今も残す三ノ宮駅の昭和初期の様子。そごうが聳《そび》えている。客待ちのタクシーであろう。

『三之宮駅』。切手欄はライオンの絵。神戸元町栄屋発行。神戸の繁華街の中心が次第に三宮に移り、阪神の地下乗り入れとそごうの新ビル、阪神国道開通、阪神国道電軌の走行、国鉄灘一鷹取間高架化、阪急の上筒井からの高架延長、という三宮をめぐる時代の大きな変化の中で、三ノ宮駅が神戸の中心となった。

『神戸三ノ宮』。煙を吐き、疾走する蒸気機関車。現在の三ノ宮でなく、元町駅に近い。右手の民家に洋服店や、綿店の看板。手前は踏切番の小屋であろうか。

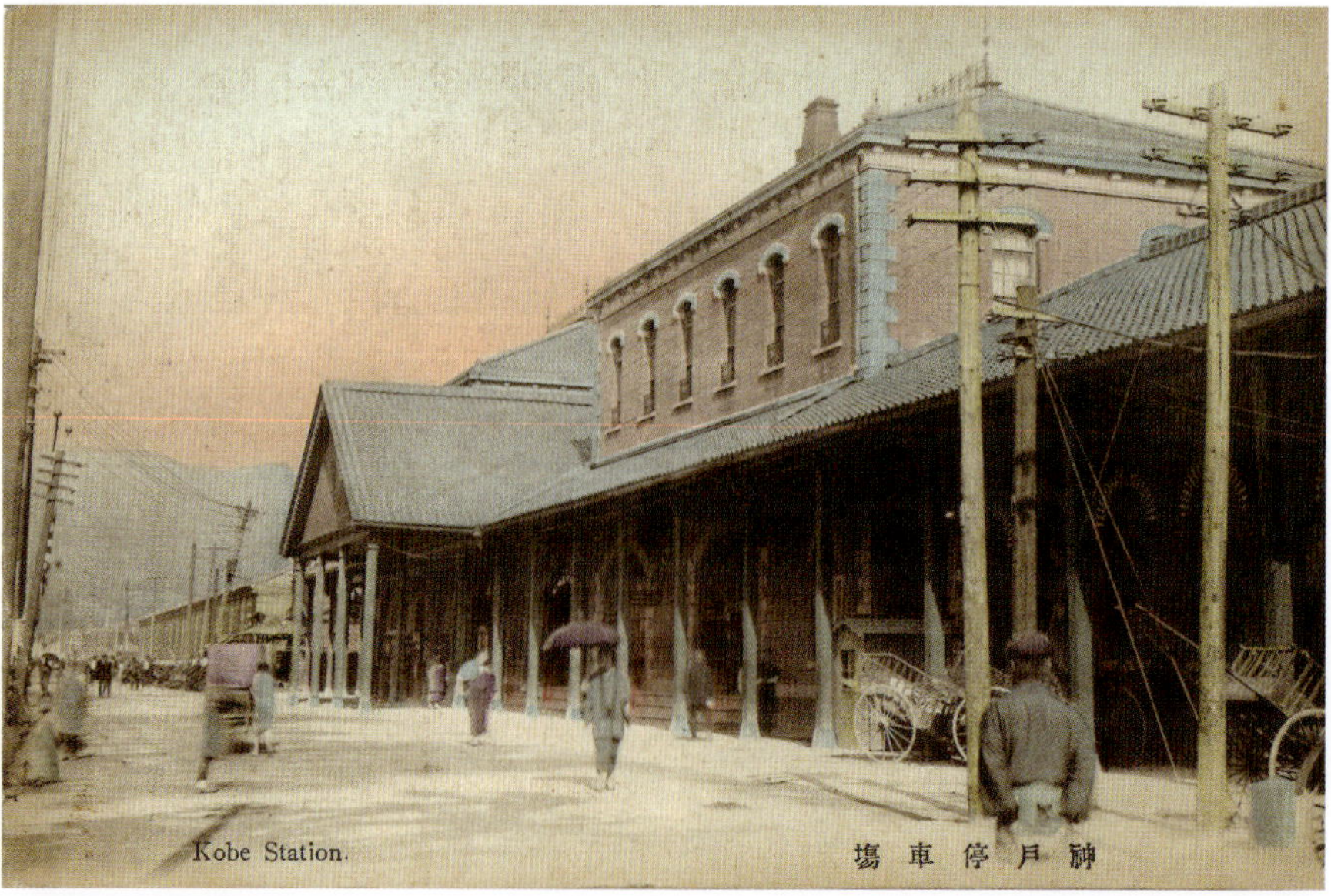

手彩色　『神戸停車場』。明治22年に神戸―東京間が開通した。これは二代目の赤レンガの神戸駅。多くの絵葉書や写真、名所絵のテーマになった。明治39年には山陽本線の起点になる。新橋からスタートした「鉄道唱歌」は神戸駅で結び、翌朝、山陽本線乗り換えの66番で終わる。

手彩色　『神戸相生橋及鉄道』。明治42年消印。郵便はかきのキはトンボ。「陸蒸気」は文明開化の象徴で、神戸でも人々は相生橋に蒸気機関車を見に出かけた。

手彩色　『神戸相生橋附近の景』。現在の神戸駅から元町駅方面に向かう線路のカーブはほとんど変わっていないように思われる。このアングルの絵葉書や写真、地理教科書類の挿絵は多い。

『(須磨名勝)　天神橋と鉢伏山遠望』。切手欄は錨マーク。KOBE AKANISHI製。この天神橋は現存し多くの自動車が走り、下をJRの車両が走るが、モダンな緑の市電がこの橋を走っていたことを知る人は少なくなった。

『神戸電気鉄道株式会社開通紀念』。明治43年4月5日記念印。切手欄に「神」のデザイン。大阪四本精版印刷合資会社印行。神戸市電の前身。開業時のA車と言われた車両。

『兵庫県武庫郡住吉駅』。切手欄は錨マーク。モダンな洋風の駅舎である。武庫川に日本初の鉄橋ができ、石屋川にこれも日本初の川底トンネルを掘って、明治7年5月、神戸―大阪間が開通、三ノ宮・住吉・西ノ宮・神崎の四駅ができた。駅前には人力車が客を待っている。最近まであった灘駅や摂津本山駅の旧駅舎もモダンだった。

『舞子公園より有栖川宮殿下御別荘を望む』。郵便はかきのキはトンボ。ライオンマークは栄屋製。疾走してくる蒸気機関車の轟音が聞こえてきそうである。

雑誌『阪神評論』。明治41年、神戸で発行の経済誌。蒸気機関車の走る絵の表紙。

丸型めんこ(神戸行)　径4.5㎝　明治～大正

官公庁など

威厳の建築

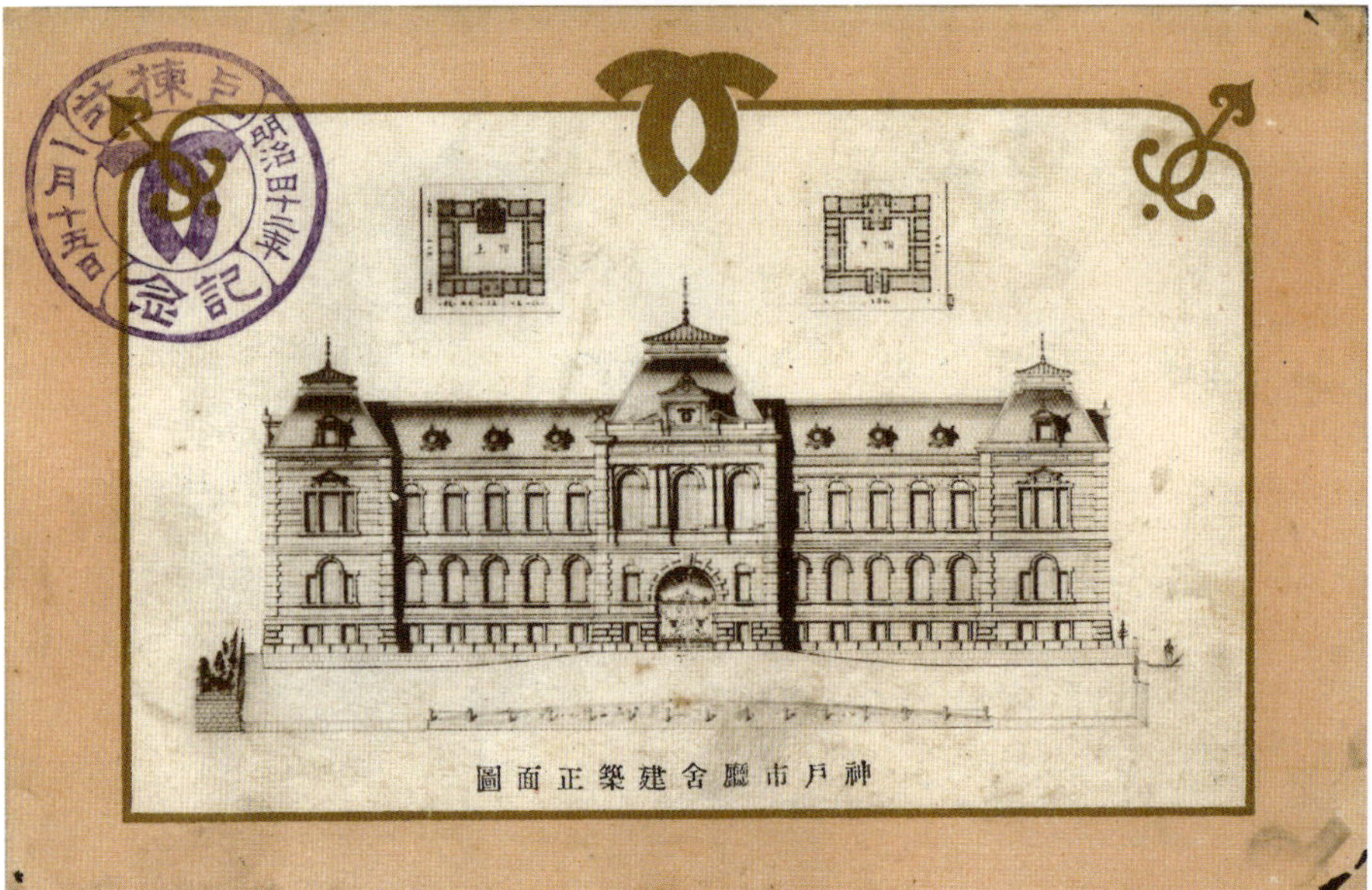

『神戸市庁舎建築正面図』。光村合資会社製。明治42年1月15日上棟式記念のスタンプ。現在の神戸地方裁判所の近くにあった。二代目市役所で、秋吉金徳設計。

神戸でも市役所や県庁、議会、警察署、郵便局など官公庁が新築、改築されるたびに絵葉書が作られ、配布された。その絵葉書を並べてみるとその官公庁の外観の変遷がわかるほどである。祝典の参加者への記念の品としても配布されたのであろう。相当数の発行があったと思われる。

たとえば、兵庫県会議事堂は大正11年に完成の式典をおこない、当時の神戸新聞の記事では、「理想的」な設備を備えていて、式典には約二千名が招待されたとしている。今の県庁舎の場所に昭和46年まで存在したが、この議事堂も議会内部の写真などとセットの絵葉書が作られている。官公庁の建物は威厳をもった建築として設計され、それは、ゆるぎない確固たる行政の職務の象徴として、また近代化の誇りある象徴としてデザ

『神戸市役所』。県庁（現・公館）と比肩できるような堂々たる威厳のある近代建築。行事の際にライトアップされることもあった。正面玄関上のファサードに神戸市の市章が見える。楠正堂発行。

『三ノ宮郵便局及神戸局外国郵便課全景』。大正6年10月1日移転とある。楠公社内菊水写真館調製。外国郵便課というのが神戸らしい。

インされ装飾もされた。

現在の県公館に残る優美な装飾もまた然りである。木造平屋の多い戦前の神戸市街にあって、威容を誇る官公庁の姿はインパクトがあり、それだけに次々に絵葉書になったのである。そして県庁の山口半六のフランス流、裁判所の河合浩蔵のドイツ流など、一流の建築家が造る建築は絵葉書という形で、その当時の姿を伝えてくれている。それらは、威厳の建築とも言えよう。そしてこれらの官公庁は大きな教会や百貨店と同じように、都市のランドマークであった。２０１７年は神戸開港１５０年、２０１８年は兵庫県の県政１５０年である。たとえば、絵葉書を通じて、このそれぞれの行政のあゆみを振り返ることもできるだろう。

手彩色　『神戸裁判所』。明治37年完成。ドイツ派の中心的な建築家、河合浩蔵の設計。赤レンガと白い化粧レンガ、御影石のコントラストが美しい。平成3年、外壁を残し上部がガラスの6階建てに改築された。

手彩色　『神戸　兵庫県庁』。1903年消印。コーチシナ（ベトナム）宛.明治35年完成。設計の山口半六は、四高、五高、東京音楽学校などを完成させた文部省の建築家。大学南校からパリに留学しフランス派を代表する。中央にドームを持つ優美なフランス風ルネサンス様式。戦災で内部を焼失したが修復された。

『兵庫県会議事堂』。切手欄に「兵」のデザイン。「県会議事堂、試験場建築竣工記念絵葉書」の1枚。大正11年11月26日。神戸光村印刷株式会社印行。昭和46年に取り壊された。

『神戸税務署』。絵葉書になっているのは珍しい。レンガ造の美しい洋風建築。『神戸開港五十年誌』（大正10年。神戸青年会臨時編集）にも写真が出ている。下山手の県庁の西方にあった。

『畑原郵便局（神戸市外西灘）』。西灘村時代。正面上部の〒マークが豪華。丸型ポストである。

『六甲山頂上ノ郵便局』。六甲山登山記念印。六甲山開発により外国人の避暑の利用も多く、海外への絵葉書も出されただろう。

『(貿易の神戸)　高塔の沖天に聳ゆる海洋気象台』。ドイツのハンブルク気象台をモデルに、大正9年、宇治野山に建てられた神戸海洋気象台は日本の海洋気象観測の中心であった。絵葉書によく取り上げられ観光名所でもあった。

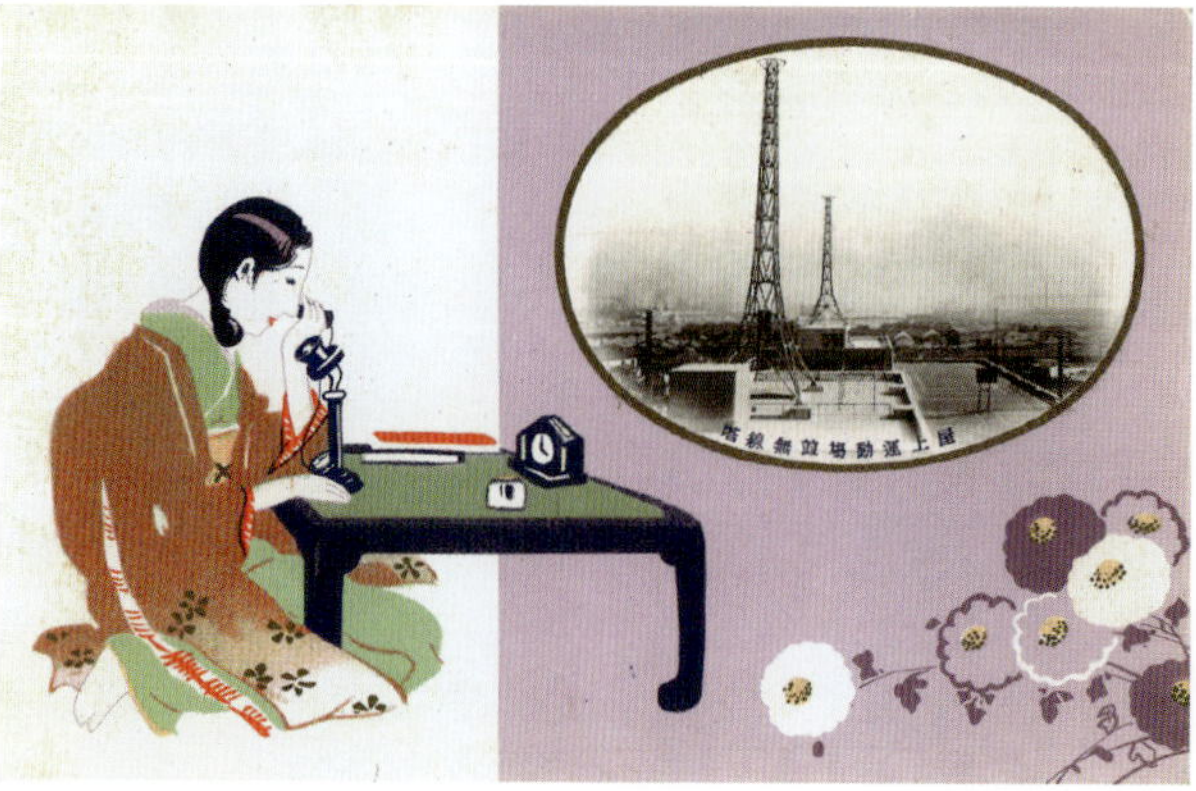

『神戸中央電話局新築落成記念』。光村印刷製。昭和11年。アール・デコ風の時計を前にして電話をかける和服の女性。昭和初期のモダニズムを感じさせる絵葉書。写真は屋上の無線塔だが、運動場もあってバスケットができるようになっているのが興味深い。

コラム2

「神戸の景観情報」

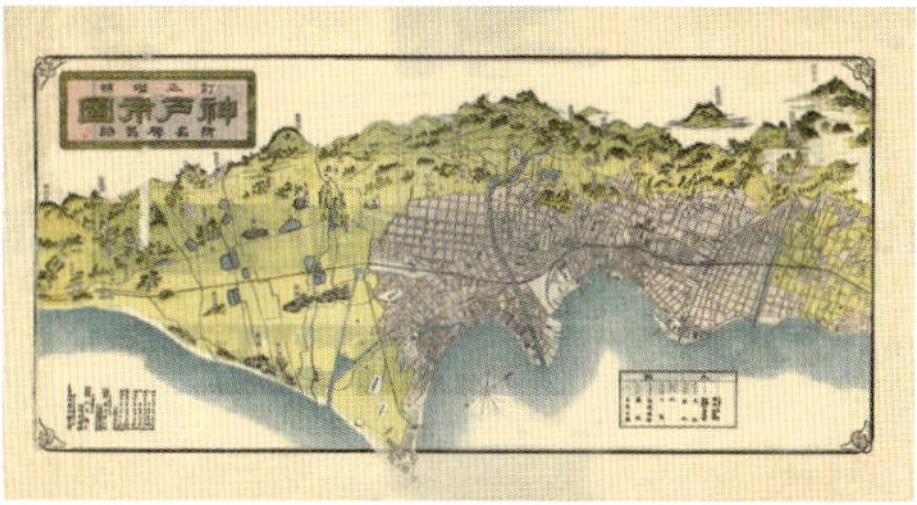

『訂正増補　神戸市図　附名勝旧跡』。明治33年。5版。36×68.8。

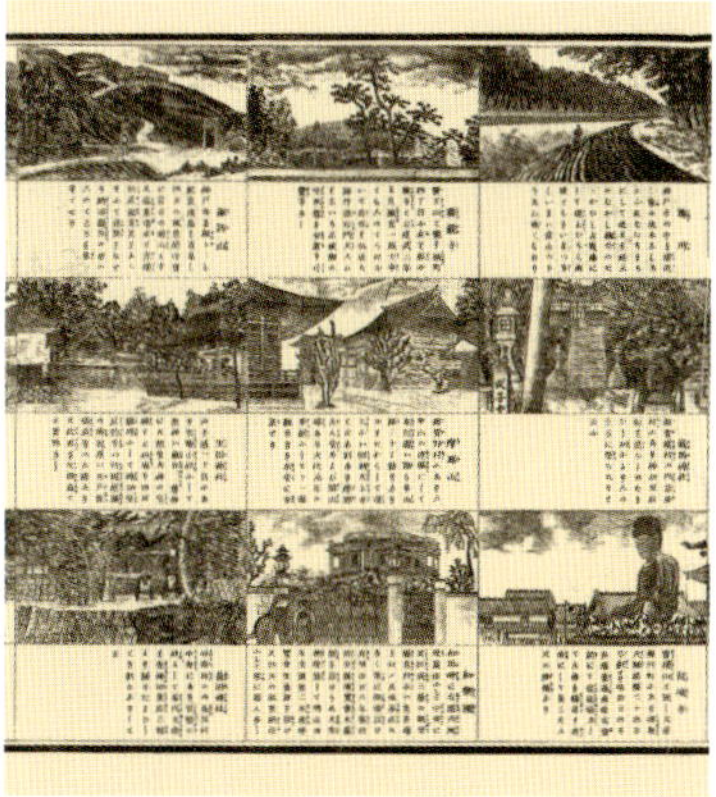

同　裏面の観光案内（和楽園、兵庫大仏など）。

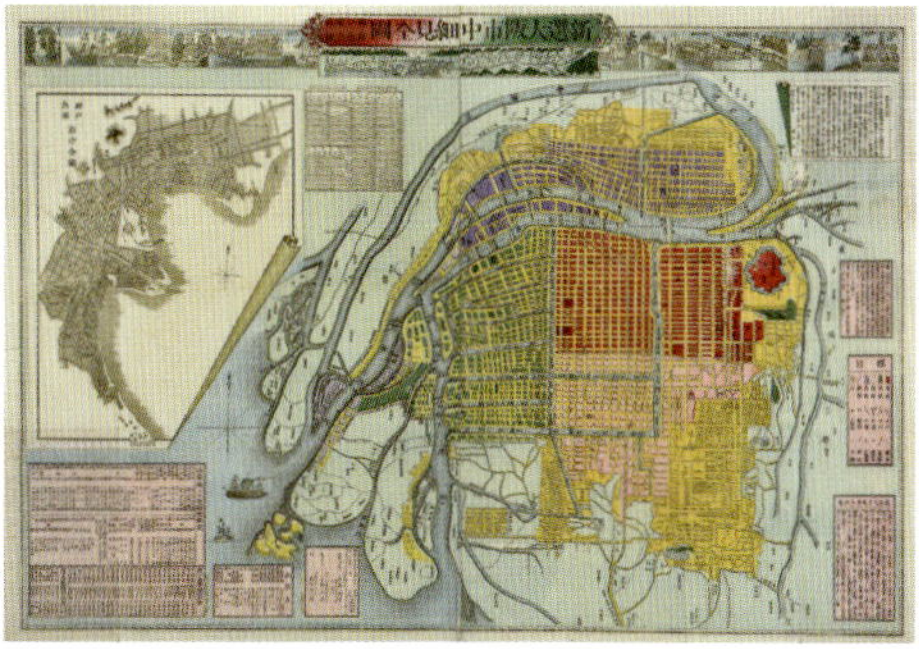

『新撰　大阪市中細見全図　附神戸兵庫市街全図』。明治14年。左側に神戸兵庫市街図。上部に阪神間路線図（神戸・住吉・西ノ宮・神崎の4駅）。48.7×71.5。

神戸という都市の景観はどう表現されてきたであろうか。海と六甲山にはさまれた東西に横長の坂の多い町。これをまずヴィジュアルに表現したのは開港以降の明治期の地図である。たとえば「訂正増補　神戸市図　附名勝旧跡」（明治33年。5版）は、1枚の横長の中に市街図を入れ、大正から昭和にかけて次々に出る神戸市地図のパターンである。「大正の広重」と呼ばれる吉田初三郎の神戸の鳥瞰図にもつながる。裏面には観光名所の銅版画を一覧にしている。神戸は「パノラマ」的に表現しやすい都市なのである。

「改正　神戸市地図」（明治43年）でも布引の滝や元居留地など名所絵が配されるが、これらの神戸の観光名所については、『神戸名所十二景』（明治31年。大阪出身の画家・林基春画）があり、筆者は『神戸のハイカラ建築むかしの絵葉書から』（2003年）で所蔵しているものを紹介した。流行していた石版色摺で、「和田岬和楽園」「神戸ステンショー及ヒ相生橋之景」「摩耶山之景」「湊川神社之図」「大仏之像」「居留地外国クラブ」「神戸市中及ヒ海岸」「布引雌瀧」「生田神社」「諏訪山之全景」「舞子浜及ヒ敦盛墓」「神戸福原花街」の12枚が描かれ、力強く進む蒸気船や蒸

絵葉書「海岸通三丁目、蓬莱舎旅館」。塔屋など右の絵の景観を想起する。

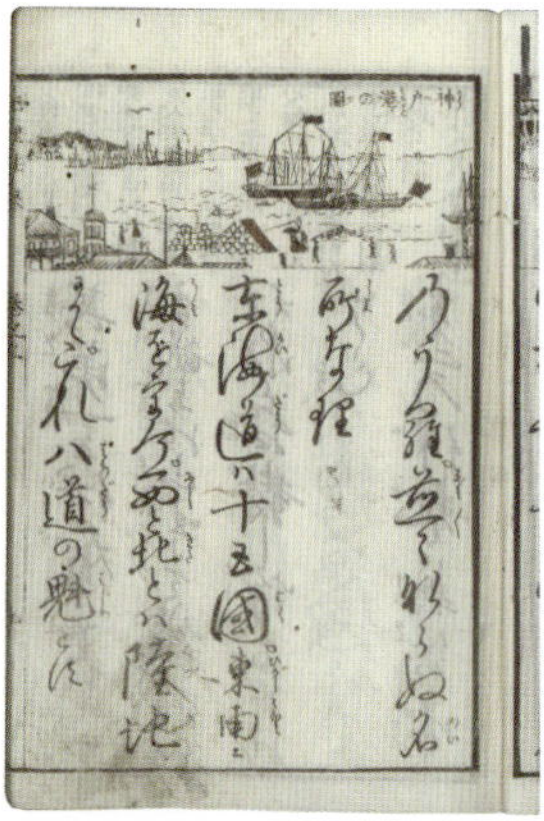

『日本地理往来』明治5年。柾木正太郎纂輯、邨田海石《むらたかいせき》書 大阪・文敬堂より、「神戸港の図」。

神戸バス・神明バス回数乗車券。

神戸市乗合自動車回数乗車券。

電車回数乗車券。

絵葉書袋。「明るき港都・神戸市の麗観」。

絵葉書袋。高架上を走る蒸気機関車。

気機関車、「Kobe Meisyo」のデザインの袋の中に入る。この諏訪山からの眺望「神戸市中及ヒ海岸」が、明治中期の手彩色大判写真の「VIEW OF KOBE」や、手彩色絵葉書「Bird's-eye view of Kobe」とアングルが酷似すること、また「居留地外国クラブ」と同様の神戸外国倶楽部を写した手彩色写真や手彩色絵葉書があることを『兵庫県高等学校社会部会研究紀要』（2012年、3月）ですでに紹介している。

この十二景の多くは、明治33年10月1日の郵便法改正で私製葉書が解禁になったことによる絵葉書の発行をへて、まさに神戸の観光絵葉書の人気テーマに継承される。絵葉書だけではなく、神戸の景観情報は、錦絵、地図の周縁の絵、幻灯用ガラス板写真、立体（双眼）写真、絵葉書袋、電車やバスの回数券などにも表現されており、特に諏訪山など山からや海側からの眺望は定番になる。そしてのちの川西英の「明るくモダンな神戸の街」の描写にもつながるのであろう。神戸の都市イメージはこのようにして全国に広がるのであった。

『世界の富』巻頭挿絵「神戸港」。
二代目長谷川貞信画。明治初期。

鳥瞰図　『神戸』吉田初三郎。昭和5年。神戸市役所校閲　川瀬三宮分店 17.7×75.4。

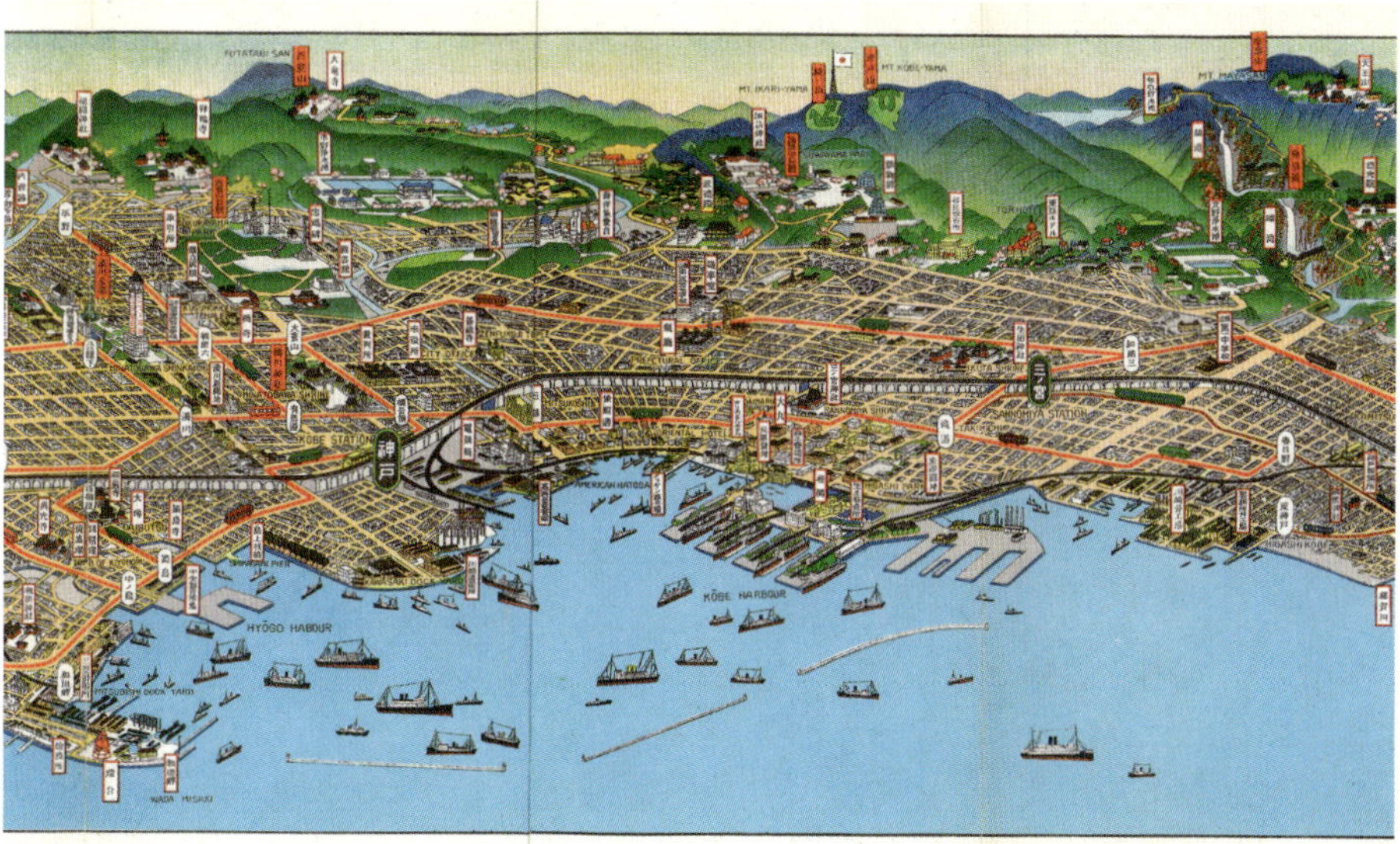

同拡大図（神戸市の中心部）

都市の公園

憩いの空間

『神戸市大倉山伊藤公銅像』。エンボス。切手欄に神戸港・市街の絵。明治43年、大倉喜八郎がこの大倉山公園を寄贈し、翌年、よく滞在した伊藤博文の銅像を建立した。10月26日付の除幕式記念スタンプの絵葉書が複数出ている。伊藤は兵庫県の初代知事でもある。昭和17年の金属供出で今は無く台座が残る。大倉山公園は市民に親しまれた。

神戸のさまざまな公園の絵葉書を眺める時、この街は日本で最も早く公園を多数つくった都市ではないか、と思えてくる。横浜では早くも明治3年、遊歩道と公園の要望に対して初の洋風の公園（庭園）である山手公園が誕生し、初めてテニスも行われたが、東京では、ドイツ留学もした本多静六らが東京市から依頼されて日比谷公園を設計し、明治36年に開園している。本多は同じ頃、神戸市の依頼で六甲山の緑化事業、植林に助言し関わっている。

東京の上野のような寺社の境内というのではなく、近代的に新たに造られた公園を持つという点では神戸やその周辺は非常に先駆的な都市ではなかったか。公園を題材にした多くの絵葉書を見る時、市民の憩いの場がかつて多かったことに気づく。イギリス人J・W・

手彩色　『兵庫和田の岬』。和楽園。左正面に和田岬灯台、右手の擬洋風建築は和楽園である。和田岬も市民の憩いの場であり、多くの絵葉書や写真が作られた。また和田岬には勝海舟設計の砲台も現存する。明治4年築の灯台は現存最古の鉄骨造灯台で須磨海浜公園に移築された。明治30年、日本初の水族館が和楽園内にできた。和楽園は『神戸名所十二景』(明治31年。林基春画)でもハイカラな洋館として描かれている。

手彩色　『神戸諏訪山公園』。神戸市街を見下ろす高台の諏訪山公園は明治初期から温泉、料亭、旅館などの集まる場所にあり、公園の中央の広場は明治7年のフランス隊の金星通過観測にちなんで金星台と呼ばれた。観艦式などの展望台であり、「海軍営之碑」もあった。諏訪山動物園もでき、市民に親しまれた。

『相楽園　樟風館』。中山岩太撮影。切手欄に市章。神戸市発行。ハイカラな家具を置いた客間などセットで発行された。昭和初期。撮影者の中山岩太は日本の新興写真を代表するモダニズム写真家で、ハナヤ勘兵衛らと芦屋カメラクラブ(ACC)を結成し活躍した。

ハート設計の居留地には東遊園地(レクレーション・グランド)、眺望の良い諏訪山公園、和田岬の和楽園、岡本の梅林や生田川の公園、六甲山上や、湊川公園、大倉山。須磨の海浜や、明治初期には布引にも市民の遊園が企画された。須磨寺の大池周辺も一大遊園地であり、生田・湊川・長田などの各神社の境内も合わせるとかなりの数になる。香櫨園や苦楽園、甲陽園へ足をのばすこともできた。

　日本最古の歴史を持つ水族館、動物園、戦後の須磨離宮公園、など絵葉書の舞台は多い。市民の余暇、交流、イベント、防災拠点など現代でも公園の果たす役割は大きい。パリやロンドン、ニューヨークの公園と同様、神戸の公園は都市生活において重要な空間であった。

灘・御影・東灘

清酒・御影石・モダニズム

『御影町庁舎新築記念』。大正13年。庁舎正面の絵葉書。ダッチ・ゲイブル風の大きなファサードが特徴的である。波に白帆のデザインがモダンである。

遠い旅先の思わぬ所で、六甲山麓の灘・御影・東灘にゆかりのものを発見し、驚くことがある。たとえば、高知の朝倉神社を訪ねた時、本殿は国重要文化財の歴史ある古社だが、その緑深い境内で大きな石灯籠を見た。土佐の山内忠義（二代目藩主）が江戸時代の明暦3年（1657）年、神社を再興したが、これを記念して六甲山麓から大きな御影石を取り寄せ寄進したという。このように名高い御影石は全国各地で目にするであろう。

　切り出された御影石は船も使い、全国へ輸送された。江戸時代の名所案内と言える『摂津名所図会』（寛政8年。全12冊。秋里籬嶋）には御影石切り出しの様子がヴィジュアルに描写されている。また灘の酒の名産地であり、美しい白砂青松を見ながら船で清酒を出

『魚崎町役場　外観』。落成記念。戦後の昭和25年、御影町・住吉村・魚崎町・本庄村・本山村が神戸市に合併した。「阪神間モダニズム」と呼ばれる地域で神戸の東部である。

『御影署新庁舎正面図』。御影三吉写真館製。大正11年。モダンな警察署である。大阪の財界人や酒造家など富裕層の多かった阪神間では、この御影署や、地元の寄付でできたミミズクの顔のレリーフのある芦屋署など、モダニズム建築が多く、よく絵葉書になった。地元の写真館製というのがいい。

荷する。酒蔵には大きな酒樽が並べられ丹波杜氏の声が響いたであろう。近代に入っての魚崎などの絵葉書はこのような、おだやかな海浜がある。

しかし、国鉄・私鉄各社の開通、別荘や洋館の住宅の増加、外国人の居住とハイカラなライフスタイル、阪神国道の開通、酒造会社の地域文化支援（御影公会堂や私立学校、美術館）というような近代化で「阪神間モダニズム」と称される文化の広がる六甲山麓の町が発展した。それにともない、モダンな建築の絵葉書も大正から昭和にかけて多く作られた。奇才・伊東忠太の設計になる二楽荘について、あるいは、岡本の梅林も行楽地として、それぞれ、いろいろな絵葉書が発行されている。

『御影公会堂』。昭和8年完成。市立魚崎小学校を作った清水栄二の設計。すでに筆者は『神戸レトロコレクションの旅』(2008年)で、ミナト神戸らしく、船をイメージしたデザインの近代建築の多かったことを述べているが、この御影公会堂も西の石屋川岸から見れば、ブリッジを持つ船が海に向かう姿を思わせる。最近、長期の修復を終えた。内部の椅子などや、近くのマンホールには御影町時代の町章が残る。この公会堂の絵葉書はいろいろなアングルで撮影され、発行されている。

『二楽荘』。大谷光瑞が「山と海」の二つを楽しめるようにと二楽荘と名付けた別荘。明治41年に甲南大学の北側の山に完成し、ケーブルカー、中学、植物園と施設を備えた。大正元年、一般公開され初日に27,000人、2日目に70,000人が殺到したという。昭和7年、不審火で焼失した。

『改修後の都賀川景』。船寺写真館撮影。大石伊東製版所印行。地元製作の絵葉書である。河口右側に大きな木の酒樽が並べられている。今も、灘の酒の「沢の鶴」がある。

手彩色　『石屋川　摂津』。Published by Kawase Book－store, Kobe（川瀬書店製）。川瀬書店はもとは神戸駅近くの川瀬日進堂であろう。橋の左手に酒の『正宗』の字の看板が見える。

手彩色　『御影石屋川より六甲山を望む』。栄屋製。左の石柱に「一王山十善寺道」の字が読める。京都の三条大橋西には「津国《つのくに》御影」と彫られた御影石の大きな石柱（天正17年）がある。石屋川は御影石の生産地の川であり、日本初の川底トンネルで汽車が走った場所である。石屋川の堤防からの六甲山の眺望は現在とそう変わらない。

私鉄

関西の私鉄王国

『阪急会館附近の美観』。「大阪ユキ急行電車のりば」と書かれた阪急神戸駅（三宮駅）と省線（国鉄）の三ノ宮駅の前を市電が走る。昭和11年4月1日開通式を行い、乗り入れた阪急の三宮駅は落ち着いたグリーンのモダンな駅舎で、劇場とともに阪急会館といい、阿部美樹志設計。2階のアーチを電車が出入りし、三宮のランドマークだったが、阪神・淡路大震災で姿を消した。

関西は「私鉄文化圏」とよく言われる。『「民都」大阪対「帝都」東京』（講談社選書メチエ）で、原武史氏は、大阪が１９３０年代までは人口、面積、経済すべてに「帝都」を圧した「民衆の都」で、ターミナル・デパート・高級住宅地など私鉄を中心に市民の文化が花開いた。しかし昭和天皇の行幸を境に「帝国の秩序」が浸透し、人々の心は変容したという。

確かに、各地を通過する皇族のお召し列車が入れない線路の幅で、阪神も阪急も独立を保ち、大阪・神戸は独自の経済・文化圏を形成していた。阪神電車を先駆とする郊外住宅の開発。香櫨園や打出、苦楽園、甲陽園などの遊園地、海水浴、岡本梅林。宝塚少女歌劇に代表されるような小林一三の経営戦略と「阪急文化圏」の形成。甲子園球場のスポーツ文化。甲東

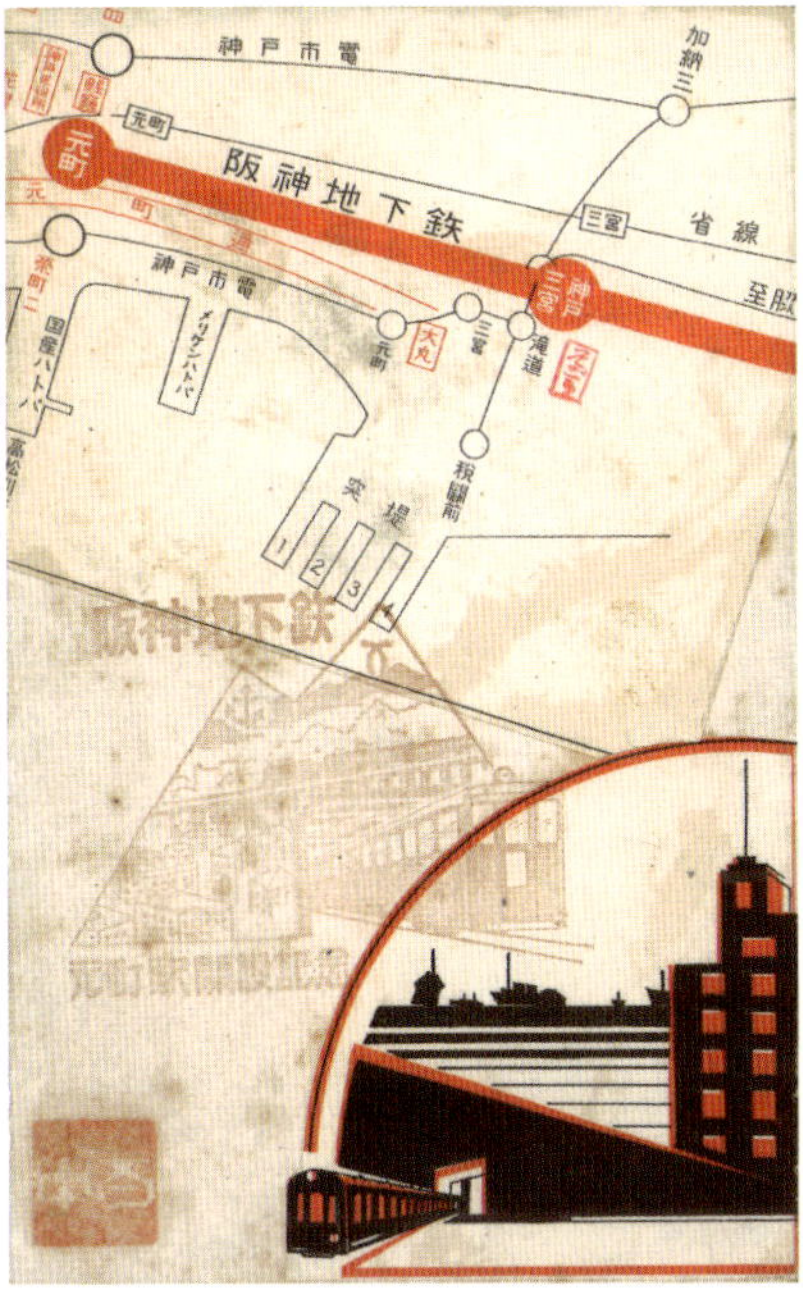

『阪神地下鉄元町開通』。アール・デコ風で、記念スタンプが見える。昭和11年3月。阪急は昭和11年、「神戸市内高架線開通記念」と書かれモダンな阪急会館のイラストの描かれた袋入り絵葉書セットを出したが、阪神も元町までの地下延伸（阪急の三宮進出より半月早い突貫工事で、昭和11年3月18日完工）を記念し「元町進出開通記念」絵葉書を出していた。

『阪神電鉄神戸終点地下停車場』。暑中見舞。昭和8年。近年、阪神三宮駅の改修工事で戦後覆われていた天井の建築デザインが数十年ぶりに目の前に出てきたが、この天井の構造や改札附近の様子がよくわかる。阪神の地下乗入れは昭和6年6月に完成した。

園、甲風園などの「西宮七園」。そして六甲山開発とレジャー施設、ロープウェーやケーブルカーを競う阪神と阪急。神戸は明石へ、姫路へと西へのびる山陽電車や、北の鈴蘭台などの住宅開発と有馬温泉の観光客を運ぶ神有電車（神戸電鉄）も合わせ、私鉄のネットワークが鉄道省線（国鉄）や神戸市電とは別にあり、また交錯して、独自の「私鉄文化圏」を作ってきたと言える。

いわゆる「阪神間モダニズム」も阪急、阪神による開発と輸送が無ければ生まれなかっただろう。したがって神戸の近代化、都市化は私鉄と密接であり、それだけ、私鉄の絵葉書も多い。それらは、戦前の神戸らしいモダンな空気を伝える絵葉書である。

『阪神国道電車沿線案内』(戦前)。大阪(西野田)から神戸までの沿線・四季の名所案内。阪神国道電軌は、大正4年設立。

『神戸有馬電気鉄道　有馬駅』。切手欄は錨マーク。KOBE AKANISHI製。いわゆる「神有《しんゆう》」(現・神戸電鉄)の有馬駅。「神戸三田行のりば」とある。昭和3年11月に電鉄有馬駅として開業し、すぐ有馬温泉駅と改名。モダンな洋風駅舎で、標高357mと電鉄内で最も高い。

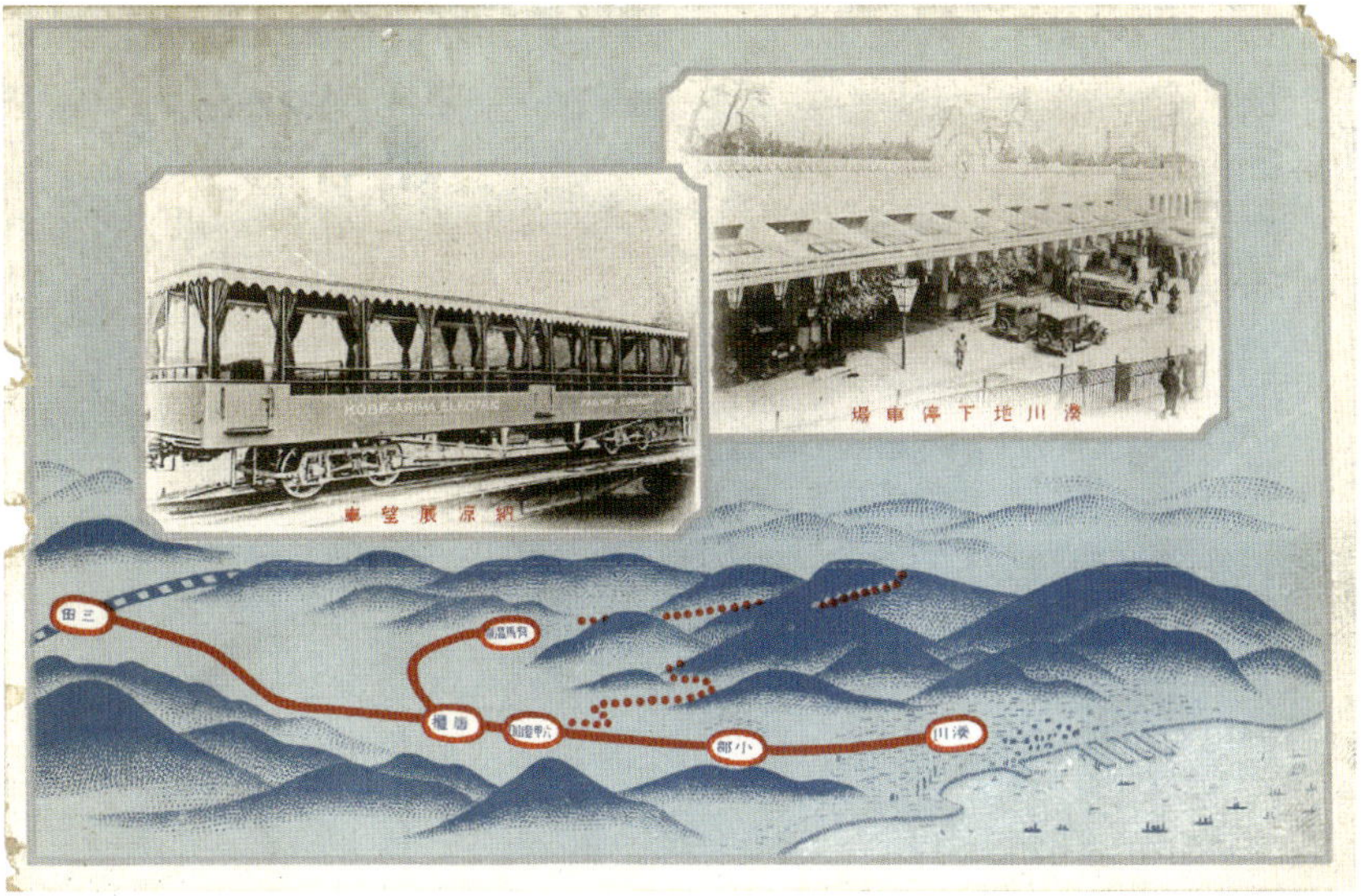

『湊川地下停車場と納涼展望車』。神戸有馬電気鉄道株式会社。切手欄に「神有」の字のデザイン。神戸丸善印刷所。神戸有馬電気鉄道は昭和3年11月に湊川—有馬間の営業を開始した。モダンな装飾のファサードの湊川駅を写した絵葉書は複数出されている。

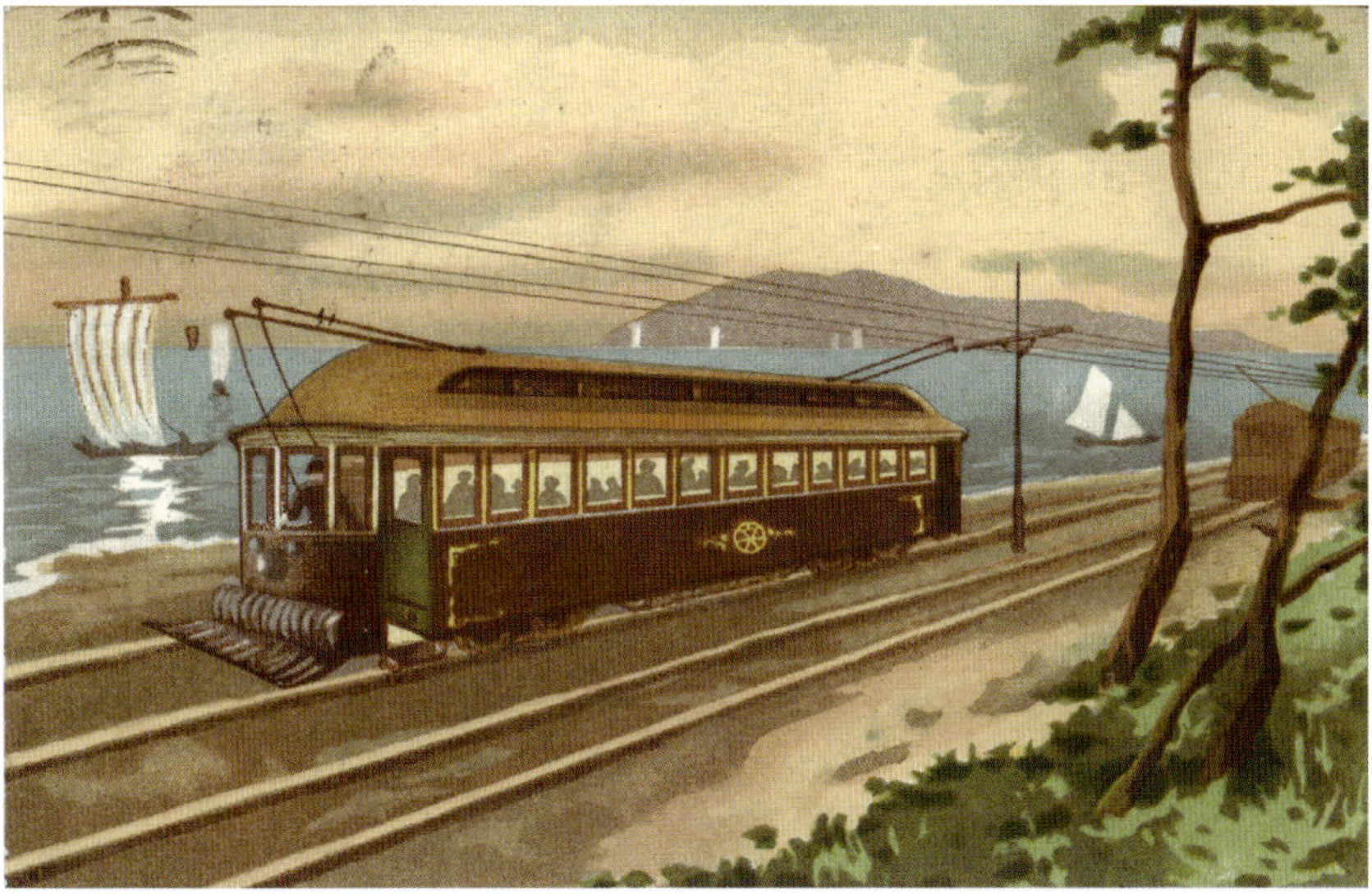

『舞子を走る山陽電車』。岐阜県内宛。明治43年消印。明石海峡に浮かぶ白帆を背景に疾走する。明治40年設立の兵庫電気軌道株式会社を前身とし、大正6年には兵庫—明石間が全通。宇治川電気鉄道部から分離独立し、昭和8年、現在の山陽電気鉄道となる。作家・椎名麟三は車掌として昭和4年から昭和6年まで勤めていた。現在、本社前に彼の文学碑がある。

『神戸阪神電車停留所』。KOBE消印。地上に駅があった。

『阪急電鉄神戸駅プラットフォーム』。昭和11年。開通記念絵葉書。袋は左ページ。現在の阪急神戸三宮駅。

『阪急神戸三宮駅』。ポチ袋(戦前)。木版色摺。4.4×9.7。

『神戸市内高架線開通記念』。昭和11年。絵葉書袋。阪神急行電鉄株式会社。

学校

学び舎の青春

手彩色　『神戸尋常高等小学校』。明治17年創立。今の県公館の南側(生田中学校)の場所にあたり、明治15年に着工した見事な擬洋風建築。五十年史では「日本の玄関として外国人の来訪の多い地区に体面を考えて」建築し、堂々とした外観で県庁と間違われることもあったらしい。

神戸の絵葉書の中で、かなりの数を占めるのはもちろん都市の景観、建築だが、学校に関する絵葉書も相当数、存在する。近代化とともに教育が拡充し、また都市化の人口増は、多くの学校を生み出した。幼稚園、尋常高等小学校、旧制中学校、旧制高等学校、高等女学校、また工業学校、師範学校。私立学校に高等商業、そしてのちの大学。神戸らしいのは商船学校もあることだ。

これらの学校絵葉書を分類すると、授業風景、全校生や、クラスなどの集合記念撮影、校舎やキャンパスの新築や改築記念、運動会記念や武道大会、漕艇大会、長距離走大会などスポーツ、卒業記念も多く、校歌・寮歌など歌の入ったもの、創立者や校長先生の肖像写真入りや、銅像建立など多様である。行事のたびに絵葉書が生徒

『兵庫県立工業学校』。校友会発行。現在の県立兵庫工業高等学校である。第6回運動会記念（明治42年）の絵葉書。明治35年創立。アール・ヌーヴォー風のデザインが秀逸である。

や関係者に配布されていたようだから、絵葉書が身近な存在だったことがわかる。

興味深いのは、おそらく自校の生徒や教師にデザインさせたと思われるものがあり、絵葉書をただ配布されるのではなく、製作から関わっていたことである。さらに神戸らしい市章のデザインの入ったもの、また海をイメージしたものも多い。学校に誇りを持ち、地域社会の期待も大きかったことが、学校絵葉書の多さからわかる。そして時代を反映し、観艦式などの際に歌詞をつけて奉迎の絵葉書を出す女学校もあった。しかし、現在も続く学校だけでなく時代の流れの中で統合されたり、廃校になった学校もある。絵葉書の中で永遠に時間が止まったかのようである。

手彩色　『神戸山手より女学院』。神戸女学院。中央左に理化学館。正面に赤茶色に彩色された三角の屋根の音楽館。いずれもアメリカ人女性の理科教師マリー・アンナ・ホルブルックの設計で、明治27年にともに献堂式がおこなわれた。理化学館はドイツ・バロック建築の影響を受けている。

『神戸女学院新築校舎落成記念　理化学館』。1907年。切手欄はFUKUIN KWAN, KOBEのトレードマーク。（WとSを組み合わせたような）。福音館の製作であろう。講堂新築記念だが、この写真は理化学館。

『神戸女学院教職員　1922年』。C・B・デフォレスト直筆。英文。アメリカ宛。1925年消印。「神戸市山本通4丁目　神戸女学院内。Kobe　College」とある。現在の西宮・岡田山キャンパスの校舎・デフォレスト館に名を残す院長。アメリカ人宣教師の次女として大阪の川口居留地で生まれ、同志社の新島襄により幼児洗礼を受けた。

『甲南高等学校』。切手欄は校章。大阪前田紙工研究所発行。岡本にある現在の甲南大学である。財界人の集まる住吉の観音林倶楽部と関係の深い平生釟三郎により、前身の旧制甲南中学校が1919年に開校した。1923年には旧制甲南高等学校に発展する。

『甲南高等女学校』。現在の甲南女子中学校・高等学校。1920年開設。写真ではなく絵画で、遠くを省線の蒸気機関車が走る。当時は省線（今のJR）より南にあった。

『関西学院専門学生会』。1912年6月29日。神戸の原田の森のキャンパス時代。原田の森では山田耕筰や竹中郁など多くの人材が学んだ。

『関西学院全景』。1917年。西灘の原田時代。切手欄にK.Gのマーク。神戸光村印刷株式会社印行。原田の森の畑の中の、のどかなキャンパスの様子がわかる。昭和4年に西宮・上ヶ原に移転。

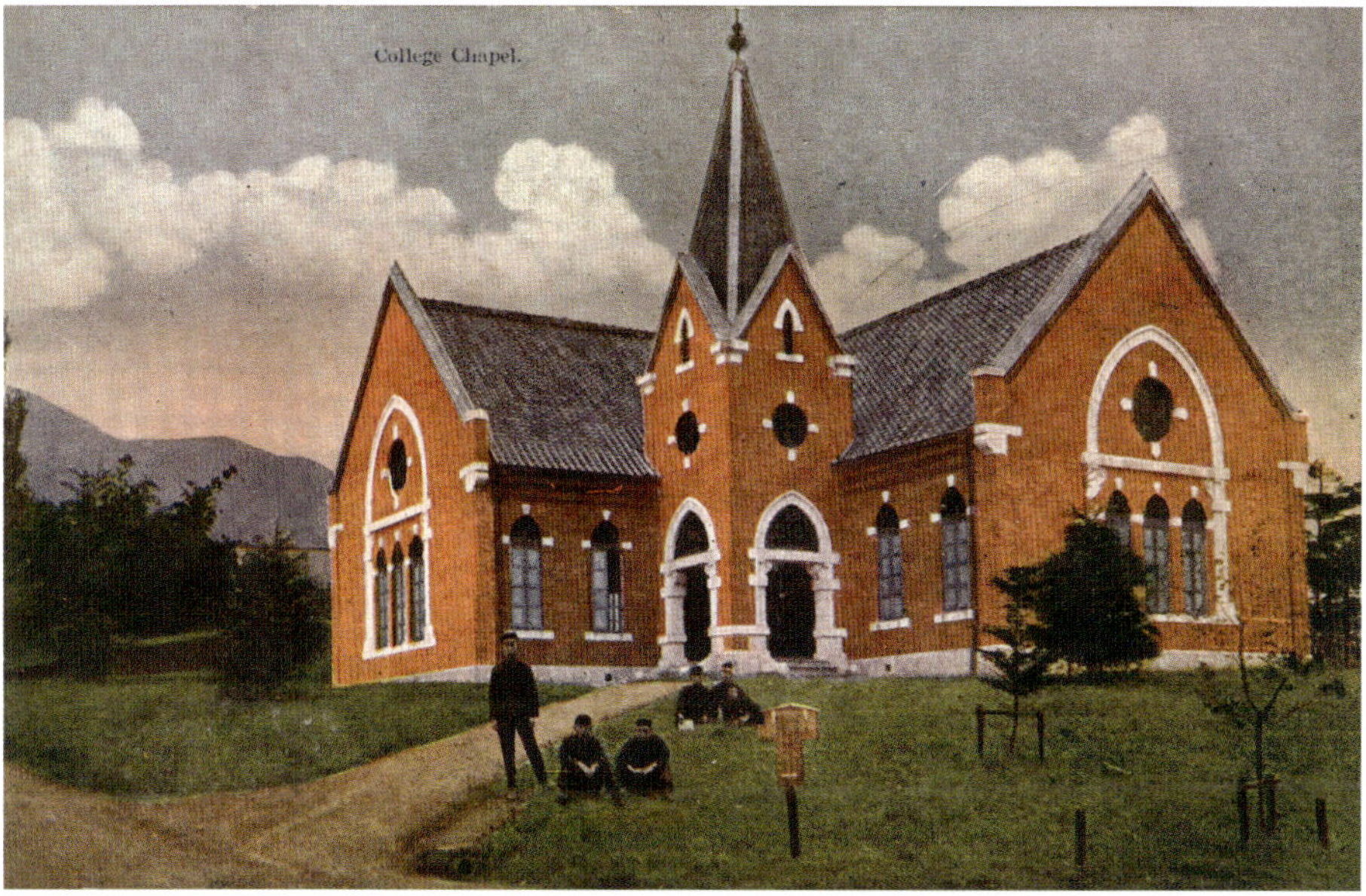

『関西学院チャペル』。現・神戸文学館。旧ブランチ・メモリアル・チャペルである。イギリス人のM・ウィグノール設計、吉田伊之助施工。明治37年。神戸市内現存最古のレンガ造教会建築である。当時は西灘村であり、神戸市との境界碑が残る。昭和5年の海軍の観艦式と合わせて開催された海港博覧会では、関学のチャペルや各校舎は会場となった。

『関西学院創立35年紀念運動会』。大正13年。在籍していた竹中郁の絵と思われる。K.Gの記念スタンプ。切手欄はK.Gのマーク。原田のキャンパスである。戦前、旧制高校など各校は自校の生徒や教師のデザインで運動会絵葉書をよく作った。

『兵庫県立神戸高等女学校新築記念』。神戸光村印刷株式会社印行。戦後、県立神戸高等学校に統合され、校舎の跡地は県庁になった。大正13年（1924）11月28日、中国革命の父・孫文はこの女学校講堂で有名な「大アジア主義演説」をおこなった。県庁1号館北東に石碑がある。

『神戸市立湊山尋常高等小学校』。切手欄は錨のデザイン。明治6年（1873）創立。移築された海軍操練所の建物を明治8年から使用していた。戦前の唱歌教育を思わせる絵葉書である。

『神戸二中運動会』。1922年。神戸岡部商店印刷事務所印行。戦前の旧制中学のバンカラで、しかもおおらかだった空気を感じさせる。明治41年(1908)開校。現在の兵庫県立兵庫高等学校。横溝正史、竹中郁、小磯良平、東山魁夷などを輩出した。

『神戸高等商業学校·運動会記念』。1918年。神戸高等商業学校運動部発行。神戸光村印刷株式会社発行。神戸大学の前身の一つである神戸高等商業学校は、明治35年(1902)に創立。

『神戸高等商業学校 卒業記念』。1926年。理事会発行。神戸光村印刷株式会社。現·神戸大学。商業の神メルクリウス(マーキュリー)であろう。アール·ヌーヴォーの空気を感じる。

スポーツ

舶来の競技を楽しむ

『神戸一中野球大会紀念』。神戸外国倶楽部前。大正3年。郵便はかきのキはトンボ。旧制神戸一中は、現在の県立神戸高等学校である。神戸一中はスポーツが盛んで、武道などの絵葉書も出していた。東遊園地では野球の大会がよく開催された。

明治時代の神戸や横浜の外国人たちのスポーツに関する古写真を集めていると、遠い異国の日本に来て居留地で仕事をしていた彼らが活き活きとクラブに集まり、仲間とスポーツを楽しんでいた様子がわかる。

神戸レガッタ&アスレチッククラブ（K.R.&A.C.）や、現在の横浜外国人クラブ（Yokohama Country & Athletic Club. YCAC）のクラブハウスを訪ねたことがある。廊下には明治時代の居留地外国人の試合時の記念撮影の古い写真が飾ってあったりする。筆者が所蔵している古写真はクリケット、サッカーなど神戸・横浜のインターポートマッチ（交流戦）と思われるものが多く、試合後の飾りつけられた懇親会場の写真もある。そして絵葉書からはボート、野球、サッカー、クリ

手彩色　『六甲山上のゴルフ』。六甲山開発の祖A・H・グルームによって、明治34年、日本初のゴルフ場である4ホールが作られた。明治36年には日本初のゴルフクラブである神戸ゴルフ倶楽部が設立され、9ホールとなった。さらに、2代目のクラブハウスはヴォーリズによって昭和7年、造られた。

ケット、登山、長距離走などいかに多くの近代スポーツが港町に伝来したかがわかる。

　1890年代、横浜の外国人は「やりたいスポーツはなんでも出来るから、快適な暮らしだ」と語ったようだが神戸も同様だろう。同時に彼らの持ち込んだスポーツは瞬く間に日本人社会にも広まり、多くの絵葉書に表現された。特にボート（漕艇）に注目すれば、K．R．&A．C．がオリエンタルホテルで設立される前から神戸の外国人の親しんだスポーツであり、明治初期の写真も残る。のちには灘の敏馬（みるめ、みぬめ）の海浜に大きな艇庫・クラブハウスが建てられた。このボートハウスの存在は絵葉書や昭和6年の『敏馬小唄』の歌詞にも登場するのである。

『神戸レガッタ&アスレチッククラブの灘敏馬の艇庫(K.R.&A.C. BOAT HOUSE AT MIRUME[KOBE])』。ニュージーランド宛。1904年。K.R.&A.C.の旗が見える。この灘の敏馬のボート競技の様子は、ボートレース風景として絵葉書になることがあった。この界隈は敏馬神社が残るぐらいで大きく変わってしまった。

『神戸二中　新運動場落成記念』。1930年。神戸國光社印刷。現在の県立兵庫高等学校である。明治神宮鎮座十年記念のスタンプ。ラグビーは外国人居留地も近く、神戸・阪神間では盛んであった。戦前の甲子園運動場の絵葉書では同志社―立教戦もある。神戸外国人居留地ではイギリス人が最多で、彼らのジェントルマンシップの英国スポーツが、神戸に多く流入した。

『マラソン競走校門出発』。神高陸上運動会。
神商写真部発行。

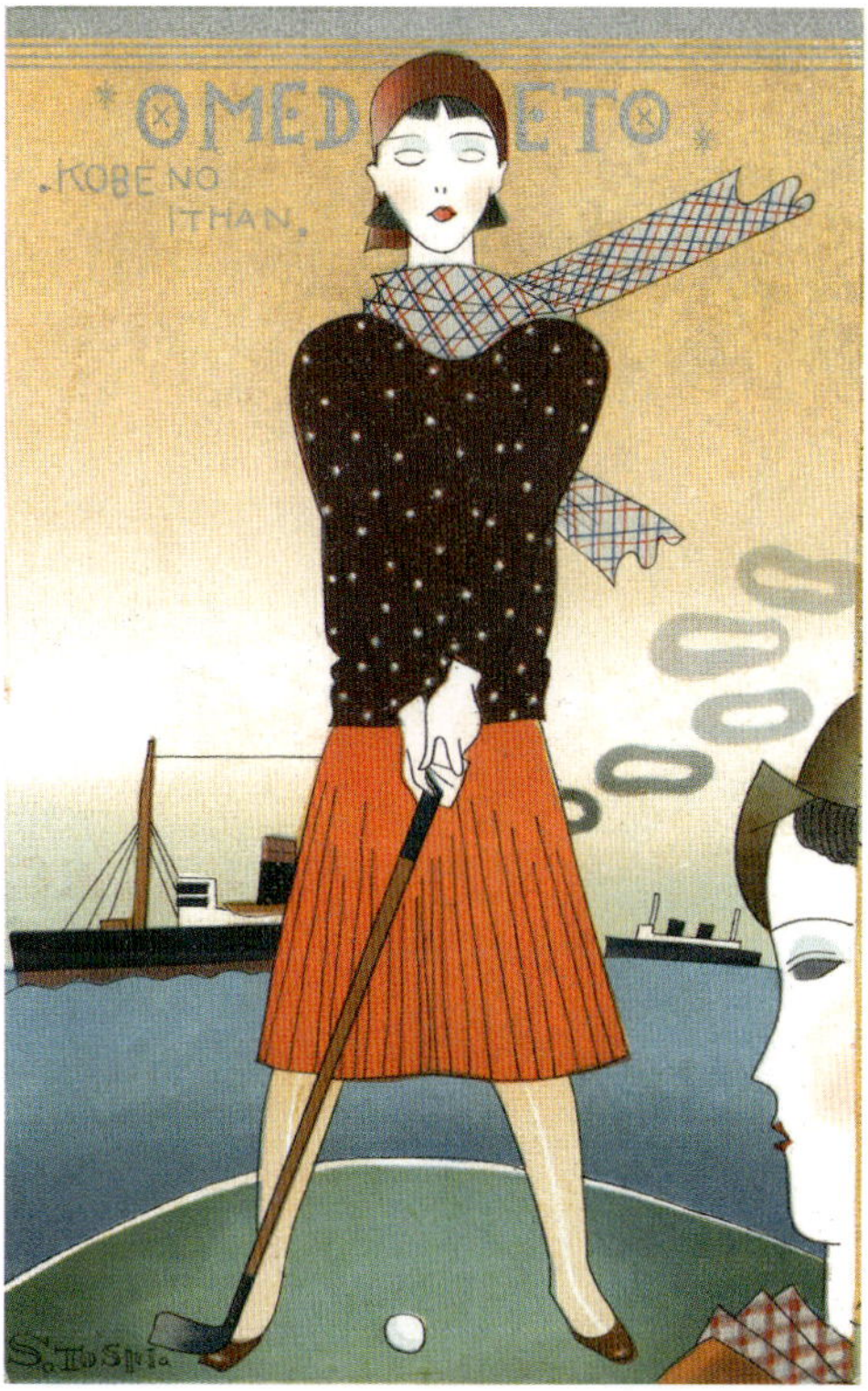

『「神戸のいとはん」のゴルフ』。ボストン美術館のLAUDER COLLECTIONと同じ。ボストン美術館の日本絵葉書コレクション（ローダー・コレクション）の英文図録の巻頭にこの絵葉書が出ており、これには昭和8年の「第1回みなとの祭」記念印が押されているから、昭和初期のものである。年賀状である。同様のシリーズで銀座などは和服女性。さすが神戸、洋装のモダンガールのゴルフというデザインだが、その山と海というのはまさに「神戸」である。

『神戸高商第2回短艇競争大会記念』。明治40年。市章をアール・ヌーヴォー風にデザイン。漕艇も、神戸外国人居留地のK.R.&A.C.のメンバーが神戸に明治初期から広めたスポーツである。

銭湯・温泉

入浴は日本の文化

『（神戸名所）　平野湊山温泉場』。大連宛。「旱天続き、烏原水源地の水の時間給水断行」との私信。平清盛ゆかりの地の古い温泉である。幾度も歴史に現れるが、昭和7年に復活。絵葉書は手前が東洋風、奥が西洋風の姿を写し、「湊山温泉」の字も見える。「西洋御料理、ユニオンビール、ミルクセーキ、アイスクリーム」も読める。湯上がりの会食は楽しいものであっただろう。川向こうの天王温泉も近年まで入れたが、残念なことに姿を消してしまった。

小さい頃、自宅に風呂のある家は少なく、子どもたちはみんなで銭湯に行っていた。近所にはあちこち大小さまざまな銭湯があり、入口前には串カツ屋の屋台が並び、大人たちは風呂あがりの一杯を楽しんでいた。銭湯裏の材木置き場は格好の遊び場で、子どもたちは積み上げられた古材の上に登っていた。神戸市内の銭湯は震災で激減したと番台の人に聞いたことがあるが、自宅で入浴という高度経済成長期以降のライフスタイルの変化は、神戸の銭湯の数を減らしたであろう。それでもたまに広い銭湯に行くと疲れがとれるのである。

銭湯や温泉は、建築景観・住民の交流・子どもたちの社会勉強や異世代交流という観点で、日本の大切な「文化」であったといえる。有馬温泉はもちろん、六甲山麓に

『神戸市西灘　関西温泉全景』。切手欄は、錨のデザイン。正面の屋根の「関西温泉」、暖簾の「坊田」、玄関上の「御園温泉」の字が見える。灘は、臨海地帯に工場も多く、単身の若い労働者も多数おり、銭湯が多く生まれたのであろう。灘区で育った筆者の子ども時代、近所にいくつも銭湯のあったことを記憶している。

は多くの温泉がもともと存在し、須磨、湊川、天王、湊山、諏訪山、青谷、さらには苦楽園や宝塚、武田尾まで多くの温泉が絵葉書になった。タンサンや神戸ウォーター、清酒のための宮水などと同様、神戸は水との関わりが深く、水道敷設工事や浄水場の絵葉書も多い。

　須磨寺周辺のように神戸の行楽地には銭湯（温泉）ができ、工場地帯には汗を流して働く人々のための銭湯が点在した。労働者の心身のリフレッシュに銭湯は不可欠である。

　神戸の都市化、近代化や経済活動はこのような銭湯、温泉が支えてきたと言っても過言ではないだろう。幕末明治の頃、来日した外国人の記録を読むと日本人の「風呂好き」を驚いている。銭湯を失うことは、日本の文化の喪失と言えるのである。

『須磨温泉場正面（屋上展望台）』。切手欄は日の丸に扇子。「須磨寺前　大温泉」と書かれた、のぼり旗が見える。須磨寺・大池の周辺は、料亭、旅館が多く、動物園・花見など遊興ができ、多くの家族連れも訪ねていた。

『有馬内湯旅館花の坊温泉場』。有馬より東京宛。有馬温泉の絵葉書は、温泉場、薬師寺や瑞寶寺、虫地獄や鳥地獄、鼓ヶ滝、炭酸湧出場、ラジウム新温泉、停車場など多種あるが、旅館の発行も多い。「霊泉・温泉」の字がなかなかいい。

コラム3

「居留地の商館ラベル」

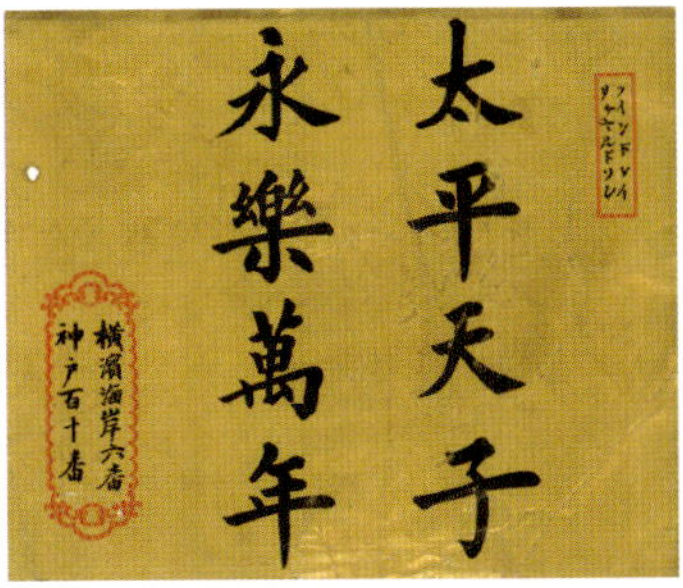

神戸110番・横浜6番。
フィンドレー・リチャードソン商会。
英国系。16.7×20.3。

神戸110番・横浜6番。
フィンドレー・リチャードソン商会。
英国系。18.9×13.4。

神戸32番。ハイン・ブロケルマン商会。20.1×14.9。

神戸（36番）・横浜。ハチソン商会。
英国系。20.2×15.3。

東洋一、整備されたという神戸外国人居留地。「神戸は明るくて感じのよさそうな居留地で」とイザベラ・バードは居留地の説明を始め（『イザベラ・バードの日本紀行』講談社学術文庫）、また、明治17年以降、何度も来日したアメリカ人女性エリザ・R・シドモアは「神戸には東洋の手本となる外人居留地があって美観を呈し」とその紀行文に書いた（『明治の人力車ツアー　日本紀行』講談社学術文庫）。この126区画の居留地には、今も68番、103番、124番の標柱や、15番・16番の数字を刻んだ境界などが残る。

しかし現在、長崎の山手で見られるような「居留地」と刻まれた境界の石柱が見当たらないのは残念である。昭和60年に地下から発見された煉瓦製の下水道管は見ることができ、地上はビルなど景観が変化しても1世紀にわたって使用されていた居留地の地下のインフラがあったことは居留地が「過去」の話ではないことを考えさせる。

市役所のすぐ東に隣接する97番の場所では近年、発掘調査が行われ、その現場を見学したことがある。この「旧神戸外国人居留地遺跡」は、輸出茶のヘリヤ商会の再製工場

神戸・横浜。ラーシ・ルイテラ商社。
18.8×14.4。

神戸1番・横浜71番。18×12.4。

横浜（90甲）。シーベル&ブレンワルト。
スイス系。20.3×14.2。

神戸（10番）・横浜（29番）。
アーレンス商会。ドイツ系。
17.7×11.7。

神戸ハイン・ブロケルマン商会。
19.6×14.9。

で、遺構では煉瓦敷や多くの煉瓦、茶の乾燥のための火入れをしていたと思われる場所を目にした。地下わずかの所に明治30年代の居留地が残されていたのである。この居留地にあったそれぞれの商会では、輸出茶の茶箱に貼る日本趣味の絵（商標。茶箱絵）が美しい木版刷で作られていた。

　生糸の輸出に際しても商標が作られたが、生糸については圧倒的に北関東からの「日本のシルクロード」を持つ横浜が多かった。このような居留地の商館は神戸と横浜の両方に店を持つ場合もあり、商館のラベルには両方の店の居留地の地番を記したものも多い。神戸や横浜の商標の絵のデザインは、西洋人の好む浮世絵を思わせるような日本趣味のも（ジャポニスム）のもの、むしろ中国趣味ののなど多彩で、これも、開港地の文化なのである。

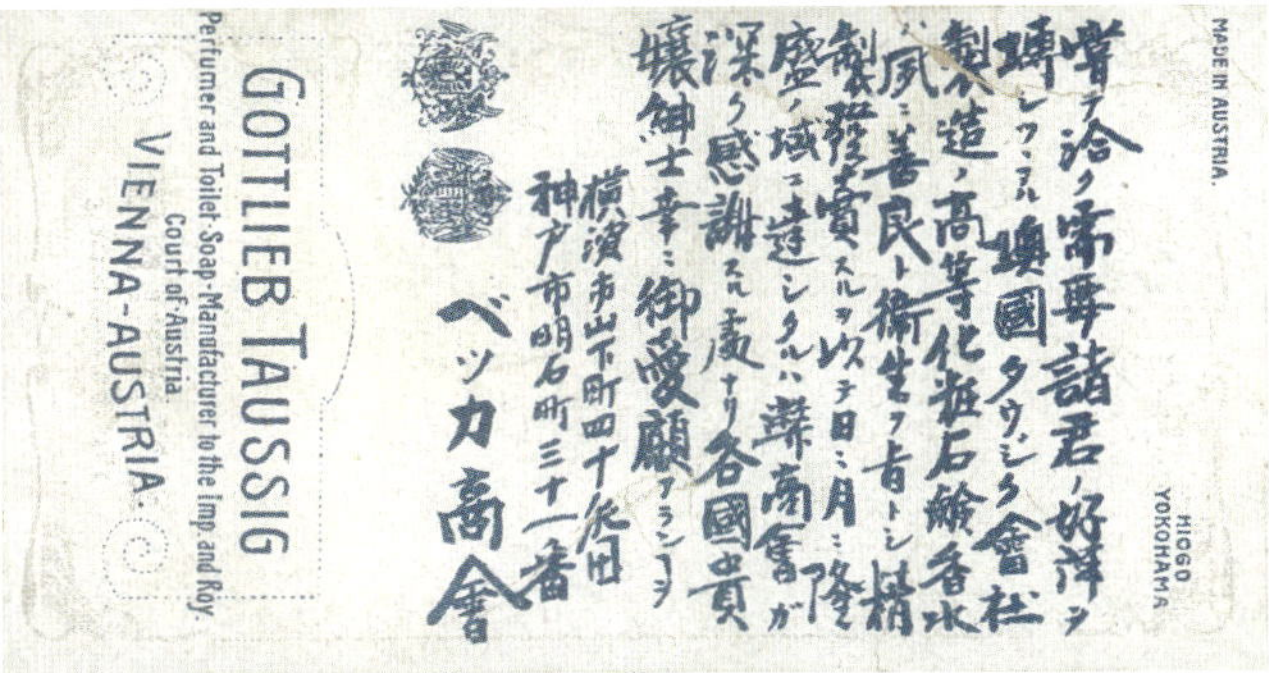

神戸 31番・横浜40番。ベッカー商会。ドイツ系。広告名刺。4.8×9.3。

神戸53番あるいは移転後の84番と思われる。12.7×9.3。

神戸12番・横浜54番。クニフラー商会。プロシア系。10.4×8。

神戸・ASAHI SILK。13.1×9.7。

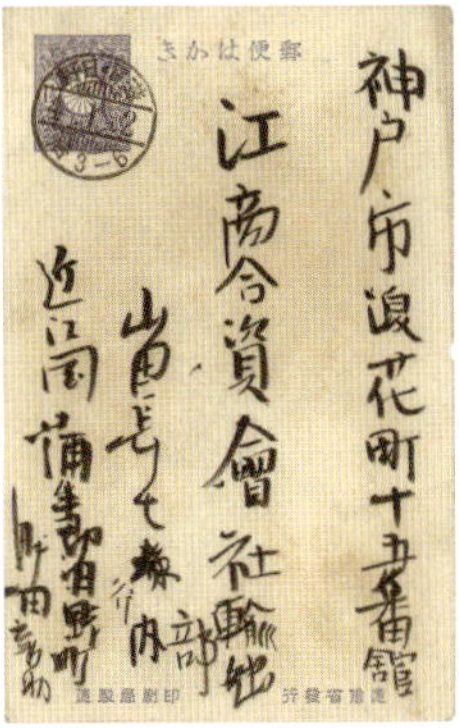

神戸市浪花町十五番館（江商）宛葉書。大正4年。

市民生活のレジャー

「神戸」を楽しむ

『摩耶ケーブル頂上摩耶駅』。ハンモックで読書。切手欄は社章。摩耶鋼索鉄道株式会社。神戸丸善印刷所印行。春夏秋冬の4枚セットのうちの1枚で、「夏」の情景。セミの声が聞こえるようだ。

飛行機や新幹線、自動車を使って遠くへ旅行するようなことの無い時代、神戸の庶民のレジャーはどのようなものであっただろうか。絵葉書はその答えのヒントを与えてくれる。

水族館、動物園、これは今も変わらぬ小さな子どもの家族連れのレジャーの定番だろう。諏訪山動物園は港の眺望も楽しめた。須磨にも動物園があり、いろいろ絵葉書になっている。宝塚へ足をのばせば、植物園や昆虫館もあった。舞子には貝類館があったし、布引の川崎邸には牡丹園もあった。温暖な須磨では今は廃墟となった南洋植物園もあっただろう。梅林のある岡本の二楽荘や宝塚の山本など、阪神間にはガーデニングの先駆もあった。

キネマの町、新開地で活動写真（映画）を見たり、寄席へ行ったりした後は、「びっくりうどん」「びっ

『神戸市立動物園(諏訪山動物園)』。昭和15年。整腸消化剤ビオフェルミン製造元寄贈。切手欄に数字の1。日本が急速に戦時体制になる「紀元二千六百年奉祝」とある。宛名欄に「兵隊さんに慰問文を送りませう」。神戸岡部商店印刷事務所印行。多くの市民に親しまれた動物園だが、上野と同様、戦時中は、大型の「猛獣」は危険だと処分された。戦後、諏訪山動物園は王子動物園へと移る。

くりぜんざい」を食べるのもいい。湊川公園の音楽堂では、みなとの祭の踊りに酔った。花隈をはじめとする各地の花街からは三味線の音が聞こえる。敏馬ではボートレースを観戦できる。さらにケーブルカーやロープウエーで六甲山に登れば、風の涼しい天上のパラダイス。ハイキングで布引の滝を見るのもいい。

　有馬は湯の街、炭酸煎餅を土産に湯上がりの散策。須磨はもちろん長田でも魚崎でも打出や香櫨園浜でも海水浴が楽しい。摩耶山では松茸狩ができ、潮干狩りは電車で西に向かおうか。

　こどもたちは、生田さんや楠公さんの境内で遊ぶ。年上の学生たちはモダンな図書館に通った。大丸やそごう、三越ではモダンな服を買い、元ぶらへ。「神戸みなとの祭」など祝祭の華やかな花電車も楽しみである。

手彩色　『神戸湊川新開地』。劇場街。水族館を移設した帝国館。郵便はかきのキはトンボ。和田岬の和楽園で日本初の濾過循環型の水族館が誕生し、湊川神社境内に移ったあと、新開地に移され建物は「帝国館」となった。当初の木造インド風洋館の水族館は、須磨水族園に模型として残る。水族館は今も人気スポットである。

『神戸布引の滝』。ドイツ宛。1902年消印。万国郵便連合端書の表記。神戸に来て六甲山の「スミスネズミ」に名を残したイギリス人リチャード・ゴードン・スミスなど、オリエンタルホテルから布引の滝へ人力車で訪ねた外国人は多い。モラエスも布引の滝を訪ねた絵葉書を祖国ポルトガルに送っている。神戸市民も多く訪れた。

『六甲ケーブル遊園より大阪湾を望む』。昭和10年の六甲ケーブル高山植物園の記念印。六甲山は家族のレジャーの場となった。

『神戸市立図書館(大倉山)夜間の景』。切手欄は市章の装飾デザイン。KOBE CITY LIBRARY 神戸光村印刷株式会社印行。海運・造船景気を背景に、財界の寄贈で市立図書館は相生橋近くの旧図書館から大倉山に移転した。図書館利用は「知のレジャー」と言える。また、夜間開館をしていたのであろうか。

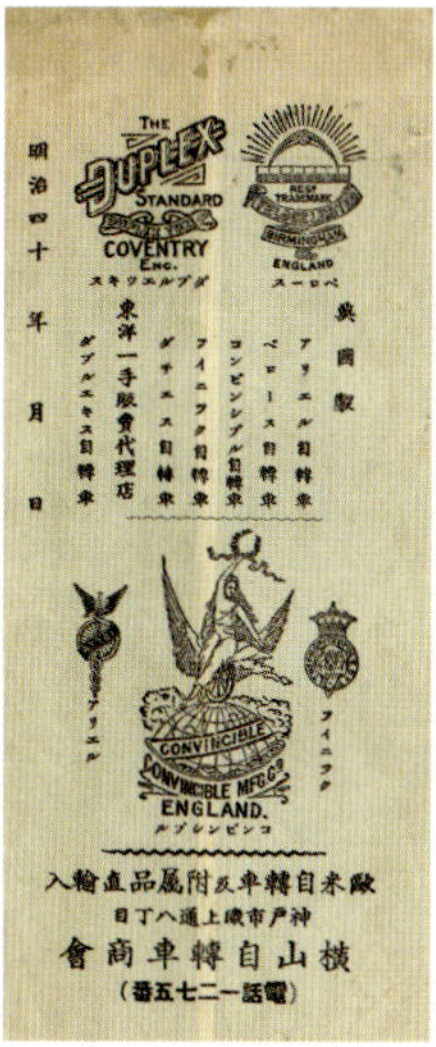

神戸横山自転車商会の絵封等。自転車の普及は市民のレジャーを変えただろう。

料亭・旅館・花街

三味線に耳を傾ける

手彩色　『神戸福原遊廓』。多くの妓楼が軒を並べている様子がわかる。ガス灯がついている玄関もある。もともと遊里は神戸駅南東に設置され、初代県知事の伊藤博文は長州藩御用達の専崎弥五平にその建設をまかせていた。その後少しして鉄道用地確保のため、突然、新開地に移転が決まる。

戦前の神戸の蓄音機レコード（78回転のSP盤）を集めて聴いていると、今ではあまり知られていない「ご当地ソング」の多いことに気づく。新小唄「敏馬小唄」や新民謡「御影小唄」など花街の芸妓が歌う神戸の歌である。また、町誌『花隈』（昭和46年）を見ると、最初に「花隈芸妓の出勤風景」の写真があり、当時の宮崎辰雄神戸市長の「古いものと新しいものとが調和する風雅な一面がうかがえるのも花隈の町」、金井元彦前兵庫県知事の「古くから一流の芸どころとして知られ、神戸第一の花街の名声をほしいままにしてきた」という推薦文が紹介されている。

さらに『豪商神兵湊の魁（さきがけ）』（明治15年）でも知られるように、明治初期から「常盤花壇」や諏訪山近くの「常盤西」な

手彩色　『神戸福原遊廓』。擬洋風建築の堂々たる高楼が聳《そび》えている。神戸駅近くから移転してきた遊郭は、「福原」と呼ばれ、吉原・島原と並んで「日本三原」とされた。建築景観が洋風化していく遊郭の様子がよくわかる。

『神戸　平和楼』。切手欄に「平」のデザインのマーク。中国料理平和楼は大阪・神戸にあった。暖炉の煙突やアーチの玄関も見え、和洋折衷の建築である。居留地の京町78番にあった。

どの系列店は神戸の社交場であり、この「常盤西」界隈の落ち着いた佇《たたず》まいを写した絵葉書もある。「常盤花壇」には孫文も野口英世も来た。この料亭は食文化の集合体でもあった。湊町の「常盤花壇」が無くなると、魚料理担当はその割烹の店を出し、和菓子部門担当は和菓子の店を出して継承した。また、アインシュタインは来日時の新聞報道によると須磨・花月を訪ねた。

神戸は、旅館の絵葉書も多い。移民として神戸港を出発する人々も見送りの人々も宿泊した。たとえば、栄町6丁目の「岩國屋旅館」の荷物タグには日米の国旗の絵がデザインされ、「内外汽船乗客取扱所」とある。また旅館・千秋楼の絵葉書は神戸駅が「神戸ステンション」と呼ばれていた時代の周辺の旅館の空気を伝える。

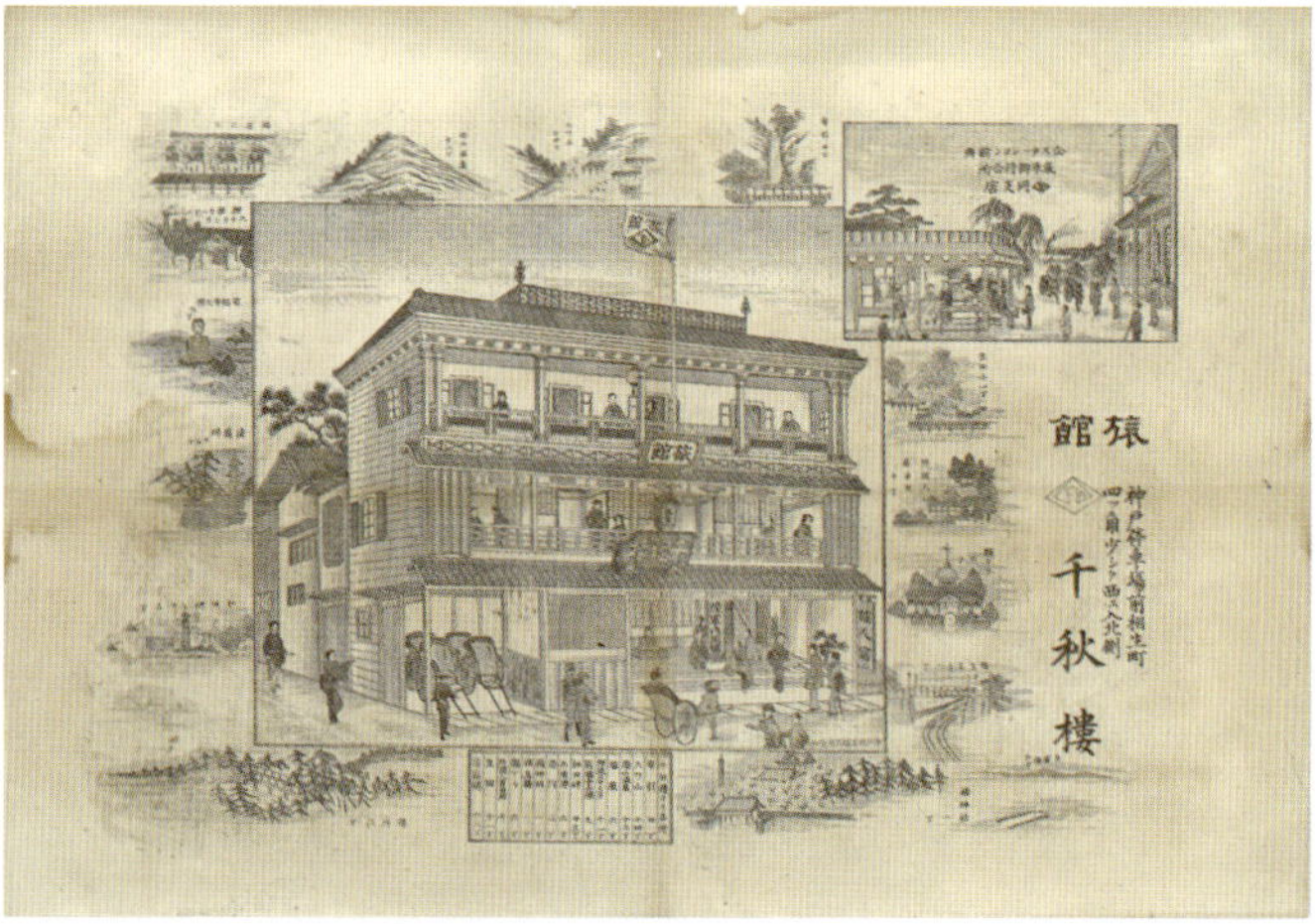

『千秋楼の引札』。「旅館」という大きな看板を正面玄関上に掲げた絵の周辺部に、神戸の名所を15か所配置して、宿泊者の観光の便宜を図った案内となっている。26.8×39.3。

『神戸駅前・旅館千秋楼』。この大きな旅館の明治期の建築と思われる大型の木版引札が上のものである。

『福原廓　太夫道中』。福原遊郭の絵葉書は多い。中でも、花魁たちの道中パレードとも言える情景は賑やかで、往時をしのばせる。福原は戦時中の空襲で、灰燼に帰した。

『神戸湊川新開地　和洋食堂ハナヤ』。切手欄に、MANUFACTURE BY TAISHO. 鳩のトレードマーク。MADE IN WAKAYAMA.和歌山の業者が作った神戸の絵葉書は時々、出てくる。ハナヤは、イラスト地図の袋付きの絵葉書セットを出している。

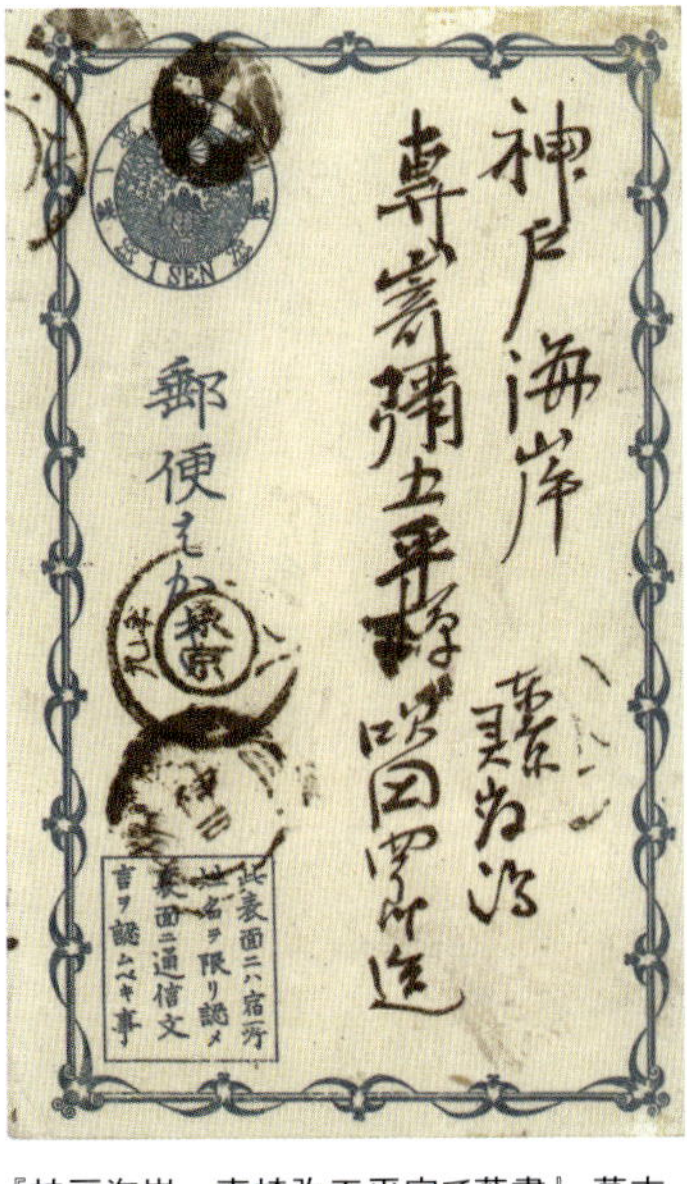

『神戸海岸　専崎弥五平宛て葉書』。幕末、旅館業をしていた専崎弥五平は、高杉晋作や伊藤博文、桂小五郎らを命がけでかくまい、伊藤と親しく、また三条実美らの「七卿落ち」も支援した。元町4丁目で「鉄屋」を営み、弁天浜に屋敷を持っていた、専崎宛て。東京の三井家番頭からの、明治初年の葉書と思われる。

『神戸名所　菊水楼』。絵葉書セットの箱。菊水文と楠木正成の兜は「神戸」を象徴している。箱の裏に神戸市街地図と店舗の案内。県庁の西南にあった。趣向を凝らした各部屋。地図には地下の阪神元町駅が出ているので、昭和11年以降だろう。昭和7年に来日したチャップリンは、菊水楼の「桃山の間」で三味線ジャズを楽しんだ。菊水楼は谷崎潤一郎の『細雪』にも出てくる。さて、花隈は映画初上映の神港倶楽部のあったところで、花街として料亭も多かった。昭和46年に出た地元の本『花隈』では、芸者さんの多くいた様子がわかる。

灘の酒造、神戸ウオーターとタンサン

水の恵み

『白鶴』。広告絵葉書。嘉納の文字が見える。大阪横堀とある。わらつとの梱包状態がわかる。寛保3年（1743年）創業。白鶴は、現在、本社を東灘区住吉南町におく。7代目嘉納治兵衛は白鶴美術館を設立した。

「灘の酒」ほど長く全国に知られている兵庫県の名産は無いであろう。六甲山の南へ花崗岩の地下を通り湧き上がる上質の「宮水」と、水車精米する良質の酒米を原料に、「灘の生一本」は灘・東灘から西宮の阪神間で生産され、丹波杜氏が貢献した。

『有馬・武庫・菟原　豪商名所獨案内の魁』（明治17年）を見てみると、多くの酒蔵、酒造商、酒樽製造業の店の描写が銘酒の紹介とともに出ている。この近代の西郷・御影郷・魚崎郷・今津郷・西宮郷の「灘五郷」では、酒蔵や、多くの並べられた大きな酒樽が見られ、絵葉書にもなっている。冬の六甲おろしは寒造りに最適で、酒造の工場の窓は六甲山に向く北側に開いていた。御影の絵葉書を見ると、酒を積み出港する船が描かれる。古くは樽廻船など水上輸

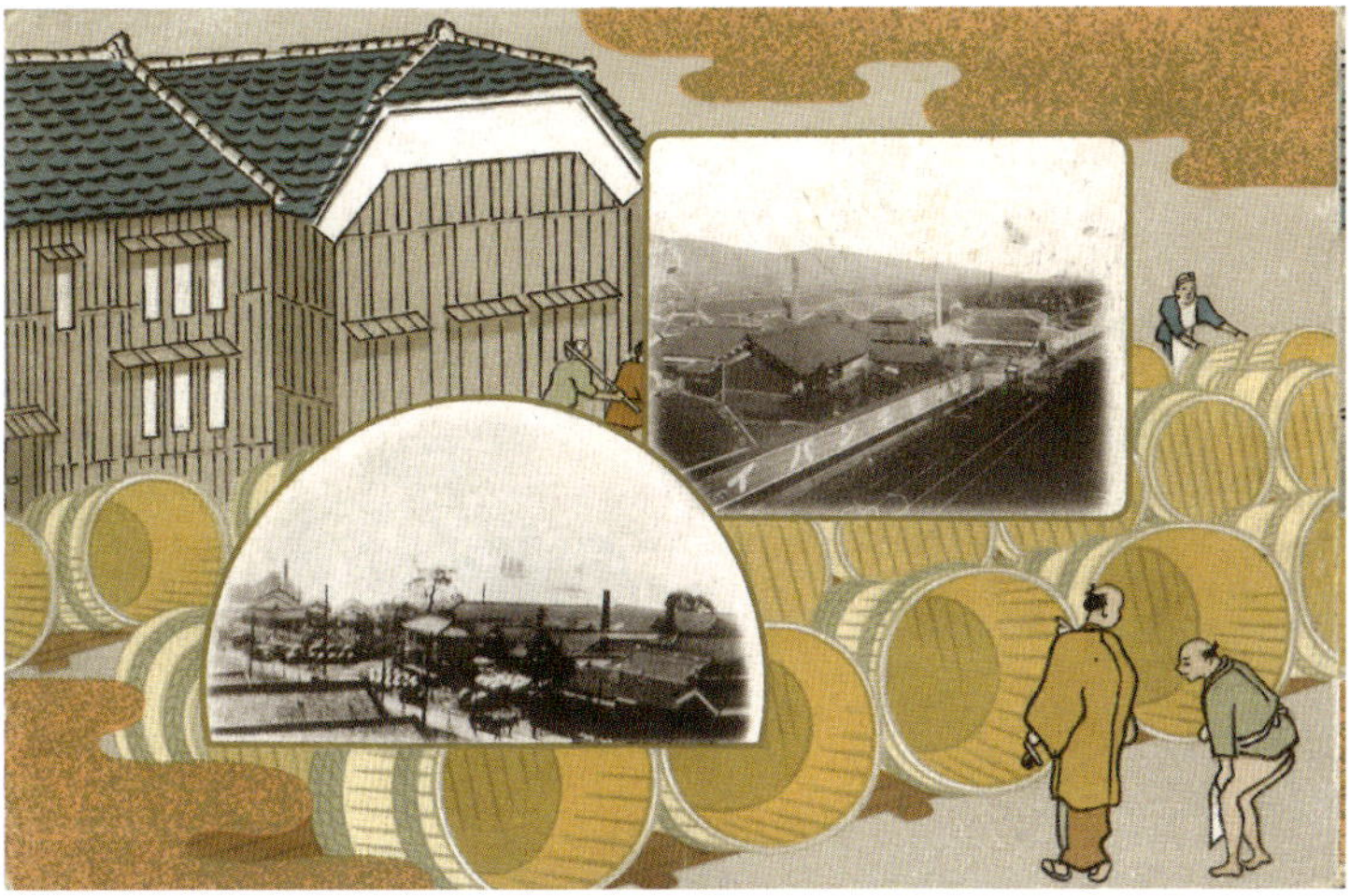

『金盃　株式会社本高田商店』。切手欄に金盃マーク。酒蔵の前に大きな木製の酒樽が並ぶ絵と写真を組み合わせている。大きな酒樽は、灘五郷でよく見られた光景。この絵葉書は酒造の工程の絵を組み合わせたセットの一枚。灘区大石東町。明治23年（1890年）創業。

『銘酒富久娘釀造場新場蔵前面の景（船寺写真館撮影）』。大きな酒蔵。レンガの煙突。並べられた大きな酒樽。灘の酒造の隆盛がわかる。地元の写真館の製作というのがいい。天和元年（1681年）創業。灘区新在家南町。

送できる港の存在が灘五郷を支えた。そして豊かな醸造家がその資金力の協力で学校・美術館・公会堂など阪神間の文化を支えた。

六甲山麓の良い水は飲料水や温泉の産業をおこし、シムのラムネや、ウイルキンソンタンサンなどを生む。レモネード、すなわちラムネは、伝染病予防に効果があると考えられたようだ。有馬温泉では老舗の炭酸煎餅店に「大醫緒方先生御指示」の看板がかかり、近くの天神泉源の寄進石柱には緒方一族の名が刻まれている。適塾の緒方洪庵の次男でオランダに留学した緒方惟準《これよし》である。大阪大学の「エルメレンス先生」記念碑にも名のある名医の惟準は良質の炭酸水に目をとめ、健康食・病院食としての炭酸煎餅を考え助言したに違いない。神戸や周辺の良質な水をめぐる物語はどこまでも奥が深い。

錦絵『府県名所図会・兵庫県神戸布引滝』。三代広重画。明治初期。

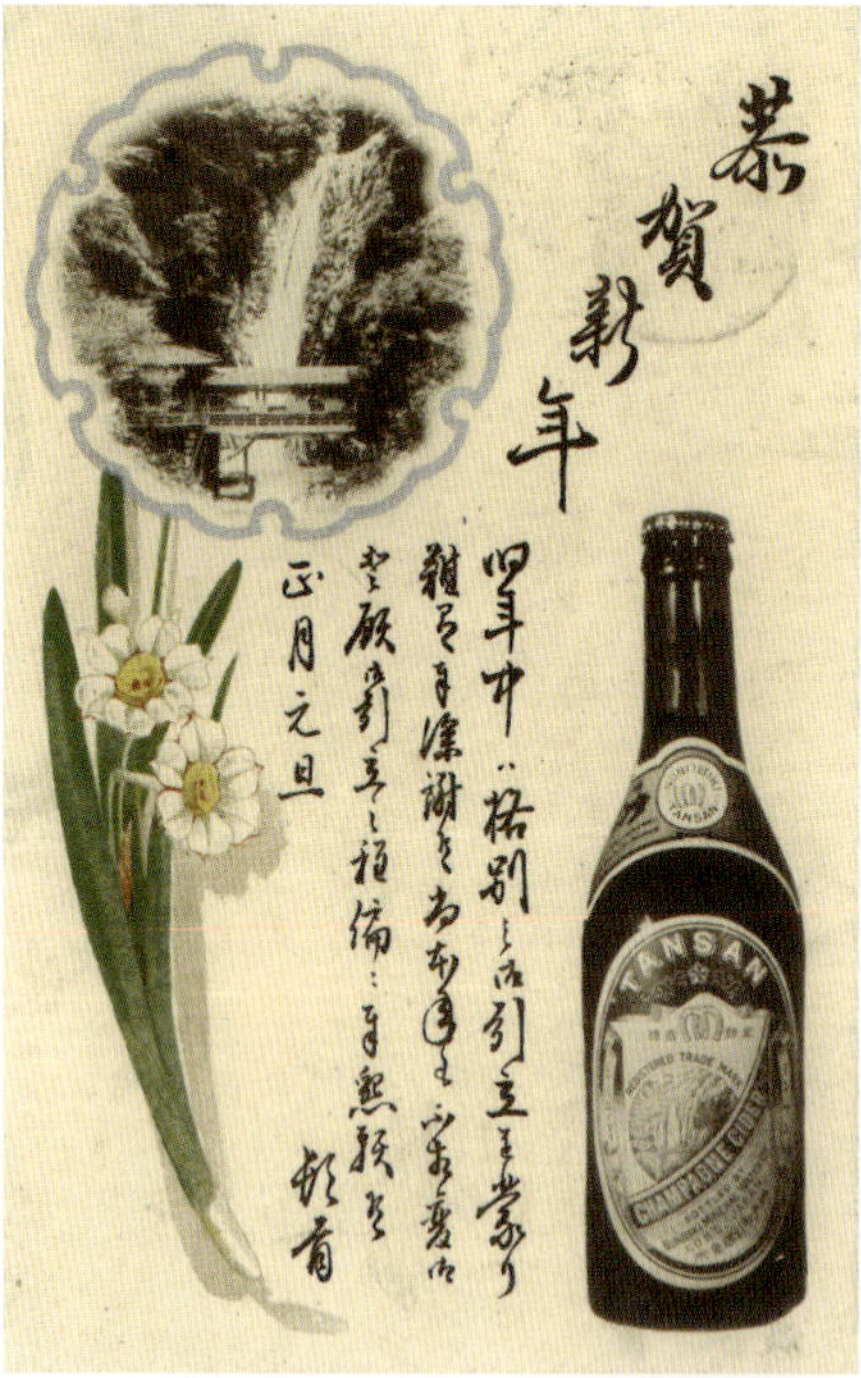

『布引の滝とタンサン』。布引礦泉所の年賀状。「神戸市加納街壱丁目壱ノ壱、布引礦泉所」とある。賀状。室津港宛。神戸三浦製。明治43年。なお、神戸の水は良質で赤道を越えても腐らず、船乗りたちに重宝されたとよく言われた。

『櫻正宗・山邑本店』。光村印刷製。明治41年頃と思われる。魚崎郷である。御影郷の白鶴酒造（白嘉納家）や菊正宗酒造（本嘉納家）と旧制灘中学をつくる。寛永2年（1625年）伊丹で創業し、江戸時代末期に魚崎に移る。東灘区魚崎南町。

手彩色　『ゼー・クリフォード・ウヰルキンソン炭酸鉱泉株式会社宝塚工場』。いわゆる「ウイルキンソン・タンサン」の工場の絵葉書はいろいろ出ている。明治22年頃、イギリス人のクリフォード・ウイルキンソンが有馬郡塩瀬村生瀬（現・西宮市塩瀬町生瀬）で天然の炭酸鉱泉を発見、ロンドンで鑑定し製品化、今の宝塚市で工場を作る。最初は仁王印ウオーター。筆者は、鳥取県の境港から居留地82番の「ゼー・シー・ウヰルキンソン様」との表記のウイルキンソン宛て絵葉書を所蔵している。

洋菓子、食生活

神戸グルメの原点

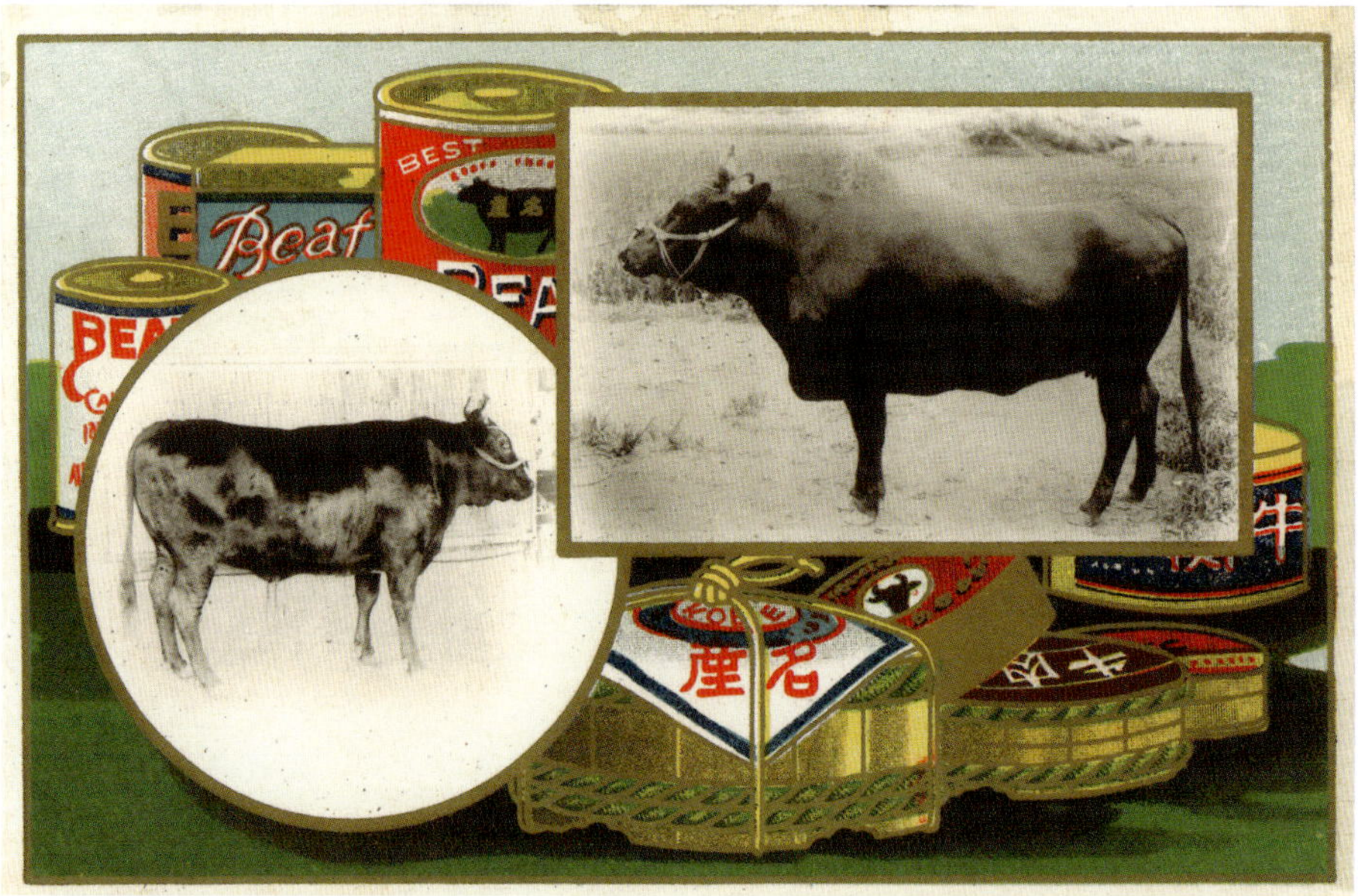

『神戸名産・神戸牛』。兵庫県畜産組合連合会。神戸秀文社印行。土産、贈答用と思われる牛肉の缶詰などが需要の高さを感じさせる。

明治37年に横浜の常磐社から初版の出た『常磐　西洋料理』（著作者：横浜市山手町37番ボーカス、発行人：同　デキンソン）を見ると、「ビンフォールド夫人とエリス嬢」がパン、サンドウヰッチ、スープ、鶏卵、魚類、肉類、鳥類、野菜、サラダ、ソース、プリン、果物、バター、ジャム、菓子類、アイスクリーム、ピークル（漬物）、飲料まで２９０以上の例を説明している。おそらく神戸でも同様の洋食が普及していただろう。

西洋料理の先駆は長崎の出島で修業し自由亭を創業した草野丈吉で、長崎・グラバー園内にこの西洋レストランは保存されている。自由亭は神戸・大阪・京都にも進出していた。また北長狭通6丁目の外国亭は西洋料理や洋酒を出し、宇治川東角の関門月下亭は牛肉を出した。大井肉店は明治村に移築保存

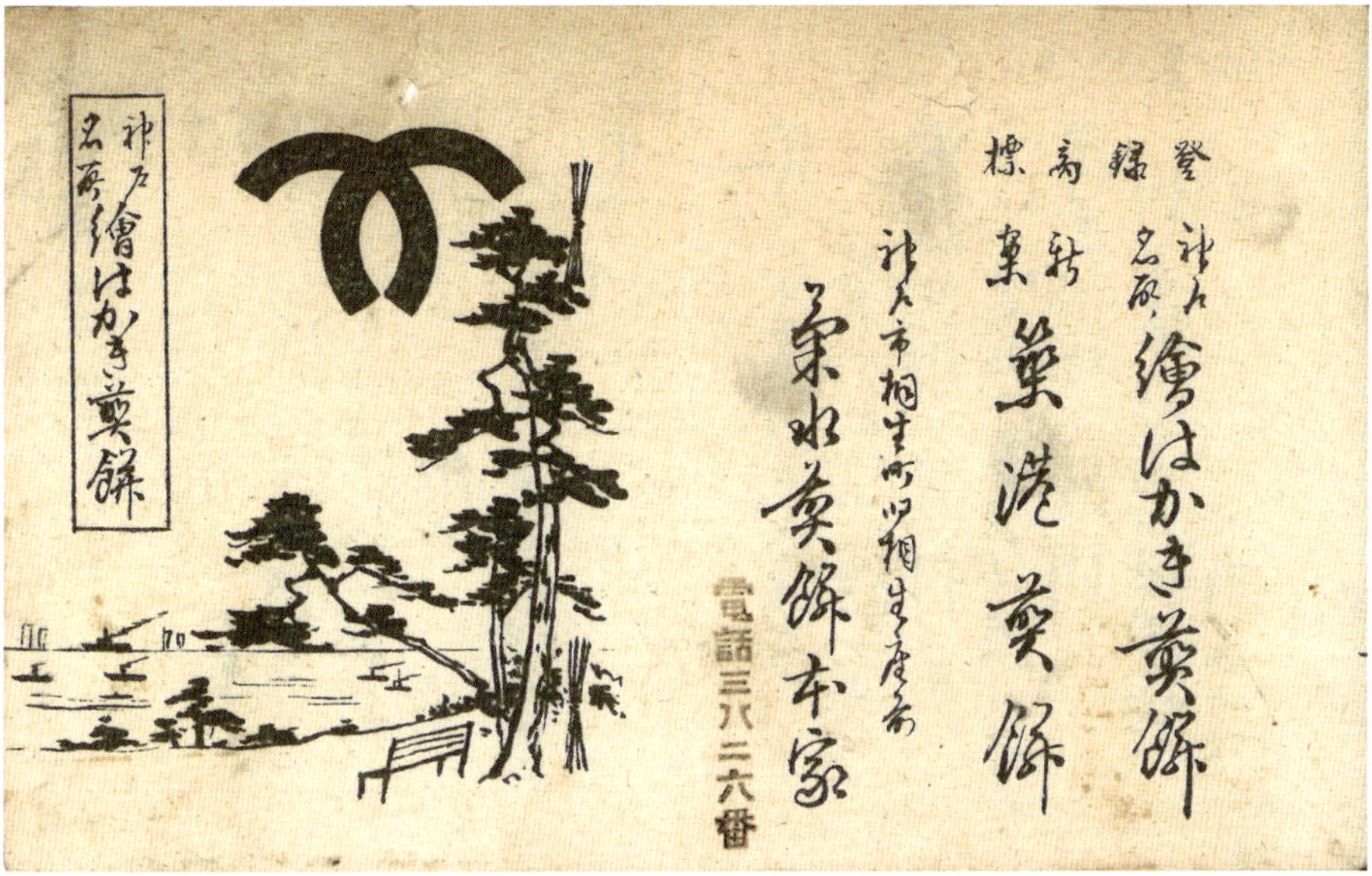

神戸市相生町・菊水煎餅本家の広告ラベル　神戸名産「絵はかき煎餅」「築港煎餅」。神戸の名所を煎餅に焼き付けたか、描いたのであろうか。今なら、クッキーに異人館や神戸ポートタワーをデザインするようなものであろうか。

されている。神戸オリエンタルホテルは『ジャングルブック』で知られるイギリスのキプリングの絶賛した料理を出した。戦前のオリエンタルホテルの美しいメニューを集めると、フランス語が飛び交っていた厨房が何を提供していたかがわかる。

　そして神戸は１００年以上の歴史を持つドンクや、フロインドリーブ、凮月堂、広告絵葉書を出していたモロゾフ、ゴンチャロフ、ユーハイムなど老舗のパン店、洋菓子店がとても多い。コスモポリタンが無くなったのは惜しまれる。元町の放香堂は一般向けに珈琲を出した初期の店である。居留地に来た外国人や亡命ロシア人たちとの交流は神戸のハイカラ食文化を広めた。また外国航路の船乗りのもたらす異国の味覚はグリルを訪ねる神戸っ子の舌を肥えさせた。味覚というものは文化であろう。

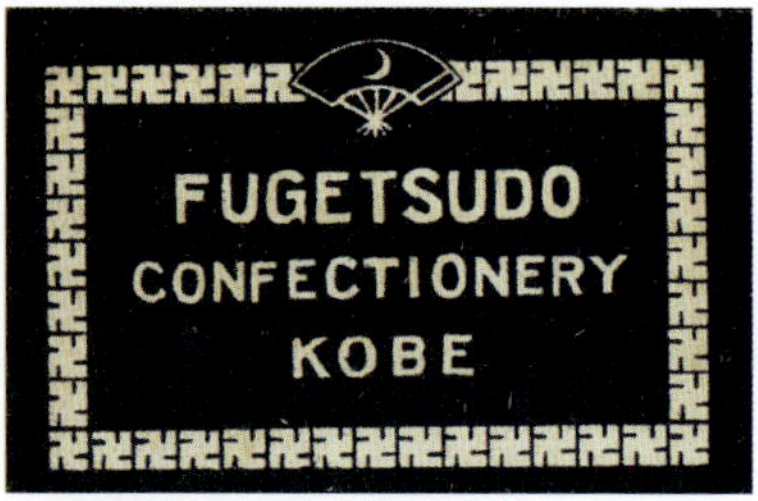

神戸凮月堂マッチラベル（戦前）。

手彩色　『パンを食べる女性』。神戸日東館製の絵葉書。神戸の食文化の中でパンの存在感は大きい。明治以来、これほどパン店が多く、パン食の多い町は無いであろう。居留地から入った欧米のライフスタイルの一つである。

『御菓子・洋酒店、布引みやげ珍菓の光園堂』。神戸市布引町貳丁目。洋酒・食料品・雑貨商、門元孝商店。賀状。上郡町宛。それにしても、なかなか派手な店の絵葉書である。

『神戸モロゾフ製菓株式会社広告』。神戸市林田区浜添通。神戸モロゾフ製菓の銀座支店広告。中元の御贈答用。「時代は専門店へ、チョコレートはモロゾフへ」の表記。「ロシア式チョコレート、キャンデー、ビスケット、ゼリー」の文字。モロゾフは数種類の広告絵葉書を出している。

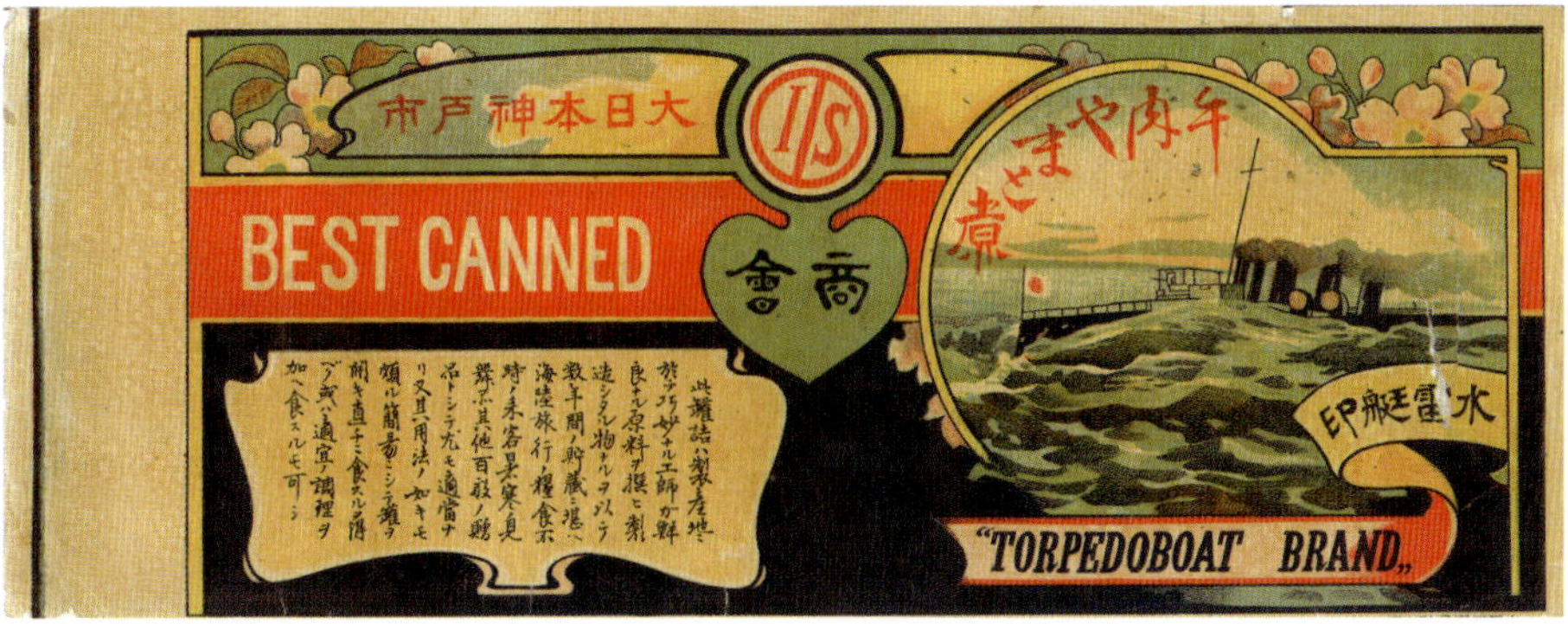

大日本神戸市・牛肉やまと煮缶詰ラベル。水雷艇印。「神戸やまと煮」「牛肉やまと煮」というような缶詰ラベルを所蔵する。「水雷艇」という商号に明治という時代を感じさせる。

テーラーの洋服文化

神戸ファッションの源流

『元町・柴田音吉洋服店』。神戸市元町3丁目。○に金のマーク。柴田音吉洋服店の文字。明治44年。暑中見舞。静岡県内宛。ハイカラな洋館である。明治16年創業。

元町の柴田音吉商店は、明治16年創業の老舗の洋服店である。居留地があり、外国人の洋装にふれることの多かった神戸は、洋服の仕立ての技術も高く、元町を中心にテーラー、洋服店、衣料店が多く生まれた。元町1丁目の古写真にはネルの中村、また絵葉書にはヤマトヤのシャツや、ニッコー、神尾洋服店などが写る。柴田音吉商店やキリンヤなどの老舗が今も営業している。

『神戸洋服百年史』によると、岡山藩の剣術指南番の息子の神尾栄太郎は東京で修業、大阪をへて、神戸に来た。英国人商会（居留地30番）の下請けの三河屋の裁断師になり元町で開業するが、この経歴は開港地の商人らしい。そして大きな白い蝶の看板を出すのである（Ｐ49）。ハイカラ、あるいはのちにはモダンと言われて、神戸港

『元町・柴田音吉洋服店』。神戸市元町3丁目。○に金のマーク。柴田音吉洋服店の文字。大正2年3月。合服及夏服用御夫人用コート地、宣伝。

『キリンヤのネルシャツ(東京・大阪・神戸)』。広告絵葉書。老舗のキリンヤは、現在も元町商店街で営業している。

に上陸した舶来の最先端のファッション、帽子、靴に身を包んだ、お洒落な男女が歩く街、それが神戸のプライドでもあった。

　大正9年12月に出された柴田音吉商店の顧客宛の封書がある。封筒には「神戸市元町三丁目　洋服及羅紗商　合名会社柴田音吉商店」とある。大阪の高麗橋4丁目心斎橋筋角に出張所を出していたこともわかる。注文を受けていた洋服の完成を知らせる格調高い挨拶に、同封されていた請求書上部には「創立　明治十六年」と印刷されている。老舗の誇りと自信が伝わる。2代目はフランスに留学したこともあり、一時期、柴田音吉商店は、創立間もない神戸日仏協会の事務所にもなっていた。神戸の洋服店は、国際交流を支えていたのである。

元町2丁目の絹物刺繍・貿易商、日光商会の名刺カード。

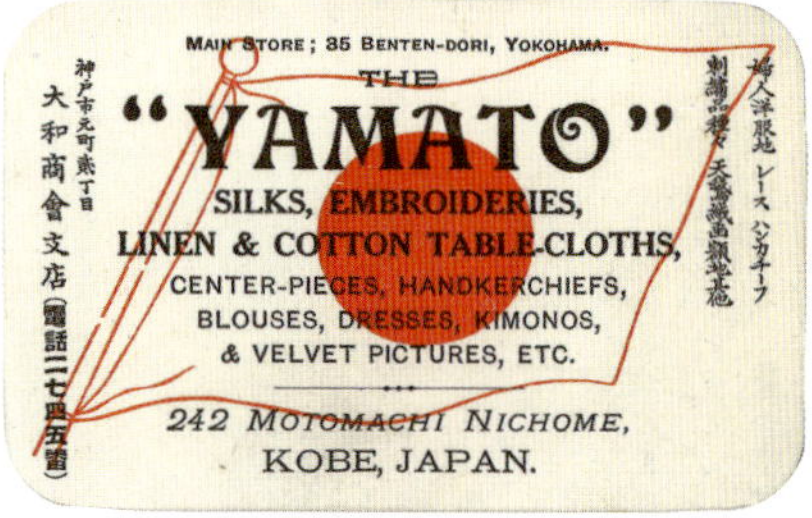

元町2丁目の婦人洋服地、レース、ハンカチーフなどの大和商会の名刺カード。

古写真。洋装。神戸栄町春日写真館。10.7×6.5。

『中山手通　高山洋服商店(高陽軒)』。神戸市中山手通壱丁目廿五番屋敷(三角帳場北東向ヒ)。注文葉書らしく、「高陽軒　高山洋服店御中」となっている。英字の看板と、着物に西洋の帽子がハイカラな神戸らしい。

コラム４

「戦前神戸の音楽」

左上・戦前・蓄音機レコードSP盤のレーベル。　「みなと音頭」昭和8年。
右上・戦前・蓄音機レコードSP盤のレーベル。　「敏馬小唄」昭和6年。
左下・戦前・蓄音機レコードSP盤のレーベル。　「山は六甲」昭和9年。
右下・戦前・蓄音機レコードSP盤のレーベル。　「大神戸復興歌」昭和13年。

「神戸名物メリケン波止場」「青いランプのカフェーでボンベイ通ひの船待つ人は」「湊川行《ゆ》きや活動写真」「手品サーカス」「マドロスパイプに風が吹く」「鳴るやばくちく南京町に」「元町人通り」「オリエンタルの赤い燈籠の木蔭《こかげ》に待てば」「トウア道路にや木の間の星が降るよ神戸は夢の町」（楽譜原文のまま）、これらは『神戸行進曲』（昭和４年。正岡容作歌、澤田柳吉作曲、松尾金五郎編曲）の歌詞の一部である。約90年前の歌の中に戦前の神戸の情景が散りばめられている。

戦前の蓄音機レコード、いわゆる78回転のSP盤で「神戸」をテーマにしたものや、楽譜を集めていると、昭和に入って都市として拡大し「大神戸」に成長するのに合わせるかのように、「神戸」をテーマにした曲のレコードが多く出現する。神戸が洋楽や邦楽も合わせて、音盤に親しむ地域であった背景を考えてみよう。

大阪・心斎橋の三木楽器店（大阪開成館）は、『鉄道唱歌』の大ヒットでも知られる楽器・楽譜・出版の老舗で、明治20年代には東京・銀座の共益商社や山葉と提携し、さらに大正10年にはスタインウエイ社（Ｓｔｅｉｎｗａｙ＆Ｓｏｎｓ）の総代理店になった。その神戸支

戦前の絵葉書『スタインウエーピアノ製造会社』（大阪・三木楽器店）。

戦前の音楽絵葉書（共益商社と山葉ピアノ。太田喜二郎画）。明治41年。太田はヨーロッパでクリムトと会っている。

戦前の絵葉書 神戸元町・三木楽器店 昭和10年。

店が明治41年から元町3丁目にあったように、港町で洋楽やオルガン、ヴァイオリン、ピアノなど西洋楽器が入りやすかったこと、教会や神戸女学院、聚楽館、神戸基督教青年会館など演奏会場に恵まれていたこと、ロシアからの亡命やユダヤ人音楽家が阪神間で活動していたこと、「大大阪」の経済力を背景に阪神間に大小のレコード会社が次々に生まれていたこと、ジャズが流れるカフェーやダンスホールも多かったこと、などがあるだろう。

『マダム神戸』（昭和5年）、『敏馬小唄』『御影小唄』（同6年）、『美はしの神戸』（同7年）、『みなと音頭』『みなと神戸』『湊川小唄』『須磨小唄』『須磨行進曲』（同8年）、『扇港ぶし』『有馬新調』『山は六甲（六甲ケーブルの歌）』（同9年）、『神戸音頭』『神戸裏山ハイキングの歌』（同10年）、『神戸ファンタジー』（同11年）など多く、昭和13年には阪神大水害の被災市民を激励するように『神戸市歌』『大神戸復興歌』が出る。

開港150年、実は古写真だけでなく、音楽もアーカイブとすれば、神戸の歩みとともに親しまれたこれらの音楽の発見や保存、活用こそ、大切ではないだろうか。

『神戸行進曲』楽譜表紙。昭和4年。大阪・スワン楽譜出版社。26.2×19。

絵葉書　『神戸女学院　音楽館』。明治27年、理化学館とともに奉堂式。

戦前の引札（白米雑穀商・神戸）。25.9×37.5。

神戸の華僑

落地生根

『神戸中華会館』。神戸は横浜、長崎と同じように華僑が多く、現在も南京町や関帝廟など、在神華僑ゆかりの場所がある。中華会館は戦災で失われた。神戸開港五十年の時に出された歴史団体の史談会スタンプのある絵葉書のシリーズには、中華会館や石碑の写真とすべて中国語のパノラマ絵葉書が出ている。

神戸と華僑の関係の歴史は深く、欧米だけでなく中国文化も神戸の国際性を育てたのは言うまでもない。江戸時代から出島近くの唐人屋敷と呼ばれた町を持つ長崎や、神戸同様「南京町」と称していた中華街を持つ横浜など、他の居留地、あるいは世界各地の「孔子廟」「関帝廟」を持つチャイナタウンと同様、神戸の中国人社会も発展をとげてきた。

居留地の居住を認められず、周辺の雑居地での居住や商売をする中国人は、食堂、洗濯業、マッチ産業、貿易などで活躍し、そのコミュニティーは神戸にしっかりと根を広く張った。そして清朝打倒の1911年の辛亥革命に向けて、「中国建国の父」である孫文の活動はここ神戸でも呉錦堂など多くの華僑と市民に支援される。以前、川崎重工業元会長に招かれ質

『（舞子名勝）　移情閣』。呉錦堂別荘。播州舞子保勝会記念スタンプ　昭和初期。切手欄は錨のマーク。KOBE　AKANISHI製。明石海峡の景色を、窓を次々に目を移して見ると、心が動くということで「移情閣」という。中国建国の父・孫文も訪ねている。呉錦堂は現在の西区の神出の開拓にも尽力し、「呉錦堂池」に名が残る。神明道路の開通で、舞子のランドマークになったであろう。現在の孫中山記念館。

手彩色　『神戸栄町通』。横山商店前を歩く中国服の人が2人。現在の南京町に近い。神戸の絵葉書には清朝時代を思わせる弁髪の男性が写っていることがある。戦前の『華僑の研究』（1942年、企画院編、松山房）は　在神華僑について、福建・三江・神戸廣業の三つの公所や、氏名、取引内容と特色、出身などを詳述している。32の華商の出身地は24が広東、残りが福建である。

問されたことがある。大正2年、亡命してくるも上陸を認められず、戻ることもできなかった船上の孫文を夜間に小舟で救出し、川崎造船所岸壁に上陸させ、夜中の市街を走り、諏訪山の常磐別荘にかくまったのは社長・松方幸次郎だったが、その「隠れ家」の写真を見たいと。その写真は当時の新聞に一部が出ていたので、お見せした。

孫文を支える人々の存在はやはり神戸が開港以来、中国や華僑と深い関係があったからである。しかし戦前の神戸の「南京町」の絵葉書を見ることは難しい。今のような観光地ではなく生活の場所であった。「神戸行進曲」（昭和4年）の異国情緒の歌詞に「南京町」は出てくるが、『神戸観光要覧』（昭和10年）には出ていない。今は神戸の一大観光地である。

企業の絵葉書

港都の基幹産業

『三菱重工業神戸造船所　総事務所』。切手欄に三菱マーク。神戸岡部商店印刷事務所印行。三菱重工業神戸造船所は明治38年、誕生した。1万2千トンの浮きドックは、明治41年に完成した。

神戸の企業・商店は戦前、多くの絵葉書を出していた。会社の新築、改築記念で社屋を写したもの、経営者を紹介したもの、新しい商品の宣伝、あるいは工場内などの製造工程の紹介などである。絵葉書は軽量で、9×13センチと小さく、掌中に入るから記念品や粗品としても最適だったのであろう。当然、そのデザインは神戸らしいものが多い。

海や港、船舶、錨、波を描いたものは港町らしい。布引の滝や六甲山の写真を背景に入れたものは、それが神戸を意味することを知っているからである。神戸の市章や菊水の文様も、それ自体が神戸を象徴することが当然、理解されているからデザイン化された。また、ガントリークレーンのように企業の工場や施設が、神戸の景観の代表の一つとして絵葉書集の中に入る

『（貿易の神戸）　巨船建造に著名なる川崎造船所』。ガントリークレーン。川崎正蔵が前身の川崎兵庫造船所を明治14年に創業した。ガントリークレーンは大正元年に竣工。高さ50メートルをこえ、神戸港の象徴のようにどこからでも見えた。多くの軍艦を建造している。

『株式会社神戸製鋼所』。本社全景。切手欄にSの文字デザイン。明治37年の小林製鋼所を源流に持ち、天下の総合商社・鈴木商店が引き継いだあと、明治44年に株式会社神戸製鋼所になった。神戸を代表する企業。

『株式会社川崎造船所製鈑工場』。切手欄に社旗。大阪両替町サン製版印刷所印行。川崎正蔵が社長として迎えた松方幸次郎は「松方コレクション」で知られる。

こともある。各商船会社や、貿易商社、各銀行や、金融・保険会社、ダンロップのようなゴム製造会社、ビオフェルミンのような製薬会社、製鉄所に造船所、電鉄会社、酒造会社、新聞社、それらの企業が良いデザインを競うように絵葉書を出し、これを集めると近代神戸の経済史が俯瞰《ふかん》できそうである。

絵葉書が広告媒体として最適なものとして歓迎されたにしても、大小さまざまな企業・商店がこれだけ絵葉書を出したのは、神戸の一つの文化と言っていい。昭和8年の第1回みなとの祭の頃は、神戸の人口は約80万人。阪神大水害を乗り越え、昭和14年には100万人をこえる日本を代表する大都市となる。各企業の絵葉書も一気に製作、配布の量が飛躍していったであろう。

移民と交流

神戸港からの出発

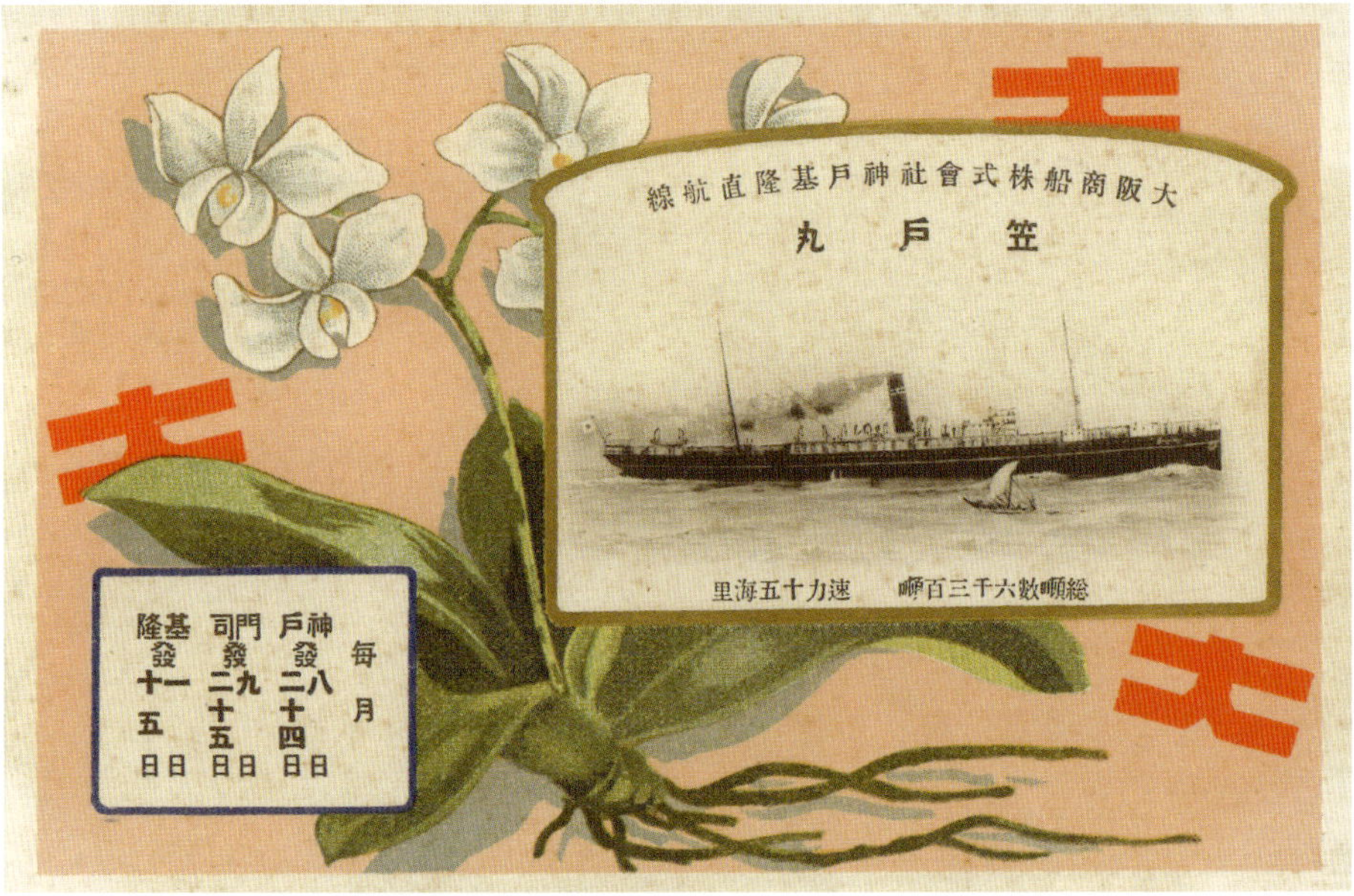

笠戸丸（大阪商船株式会社神戸基隆線時代）。大阪商船株式会社。笠戸丸はもともと日露戦争時のロシアから捕獲した艦船であった。最初のブラジル移民を乗せて神戸港を出た船になる。のちには大阪商船の台湾航路に就航した。これはその神戸基隆線時代の絵葉書である。第二次世界大戦終結直前、ソ連軍によりカムチャッカ沖で爆沈される。

神戸港から笠戸丸が南米ブラジルへの第1回移民781名をのせて出港したのは、1908年（明治41年）。水野龍社長の皇国殖民会社の依頼で、サントス港に向かった。芥川賞受賞第一号の石川達三の『蒼氓《そうぼう》』にも描かれた神戸からの南米移民の歴史の始まりである。

笠戸丸は数奇な運命の船である。1900年イギリスで建造され、ロシアの貨客船になるも日露戦争に参戦、日本海軍に捕獲された。のちに東洋汽船が運航し、神戸港から移民をのせ、大阪商船の内台航路や南米航路に使用されたあと、水産漁業船となり、最後はソ連軍により爆破された。この船の絵葉書、そして南米移民の絵葉書が各種、現存する。ブラジルでの過酷な労働や生活をしのばせる絵葉書もある。神戸港は多くの移民が最後に目にした祖国の風景で

『国立移民収容所』。兵庫県教育会発行。神戸光村印刷株式会社印行。1928年設立。この施設は神戸移住教養所、外務省神戸移住斡旋所、神戸移住センターなど何度も名前を変え、現在は改築されて「海外移住と文化の交流センター」となっている。

『手荷物の出発準備と教養所』。トラックに神戸旅行案内所の文字。宛名欄に「国立神戸移住教養所□階□号室。神戸出港通知」とある。また、「神戸移住教養所前、小倉商店謹製」とある。施設の絵葉書はいろいろあるが、荷物の積み込み風景の絵葉書は珍しい。

あった。

さて、南米移民関係の絵葉書としてはコーヒーの収穫風景やコーヒー農園に暮らす移民の人々の家屋、最大の港湾都市リオデジャネイロの風景などがあり、貴重な資料と言える。なお、全国から集まり出港を待った施設は、現在、「海外移住と文化の交流センター」となっているが、1階は移民の人々の見た戦前の神戸ということで、筆者の絵葉書展示などミュージアムになった。ところで、コーヒーは神戸の重要な産業であり、戦前のコーヒー専門店であるカフェーの絵葉書も神戸や大阪、銀座などの店が存在する。また、北米やハワイへの移民と合わせ、戦時中の排斥など日本人移民の苦難や、国際交流についてもっと知る必要がある。

『日本郵船若狭丸出帆光景』。リオデジャネイロ市移民の農園作業を描いた絵葉書はいろいろある。コーヒーの実の収穫風景である。高い所は梯子に登り収穫する。

絵葉書には北米移民を写したものもある。カリフォルニア州モントレー郡カーメルの農園。手彩色。

『カフェーパウリスタ神戸支店』。この店は大丸から三宮神社の北のトアロードに入り、すぐ北東にあった。コーヒー農園で働く人が画かれている。カフェーパウリスタは、ブラジル移民斡旋会社「皇国殖民会社」の社長・水野龍が大正2年、銀座に開店した。

『神戸諏訪山金星台に於けるシアトル母国観光団歓迎会』。神戸市役所発行。金星台では、歓迎のテントの会場で、余興や日本酒も出たようであり、絵葉書が残る。祖国の神戸港を諏訪山から眺望して、感慨深いものがあったに違いない。

『青い目の人形」への答礼人形送別展覧会』。昭和2年。神戸織田写真館謹製。1927年にアメリカ合衆国から友好親善のために贈られた人形に対し、答礼人形が日本各地から贈られた。アメリカでは「ミス」をつけて、たとえば「ミス兵庫」「ミス神戸市」と呼ばれたようである。

阪神大水害

神戸が経験した最初の大災害

『（阪神地方水害）　阪神国道の雑踏』。避難する自動車の渋滞や混乱がわかる。また、阪神国道の西宮市役所前の濁流を撮影した絵葉書には「芦屋以西ハ交通不能ナリ・西宮警察署」の貼紙が写っているものもある。筆者の父をはじめ、子ども時代の阪神大水害の記憶を語れる人もいる。

昭和13年（１９３８年）７月3日から5日にかけての豪雨で、阪神大水害が発生した。阪神間広域で総降水量が４００ミリを超え、六甲山では６００ミリを超えて、市街地へ急峻な六甲山系各地で山崩れや河川の増水氾濫を起こし、西宮から垂水まで大水害となった。

神戸市は全人口及び全家屋の70％以上が被災する未曾有の大災害となり、今も各地に流石碑や記念碑、巨岩が残る。

戦前、すでに関東大震災や北丹後地震などで災害絵葉書が発行されていたが、テレビもインターネットも無い時代、災害の報道メディアとして、この阪神大水害も被災の状況が、袋と複数枚の絵葉書のセットで次々と緊急発行された。これらから、神戸・阪神各地の生々しい被災状況がわかる。

居留地の濁流　（神戸地方水害）

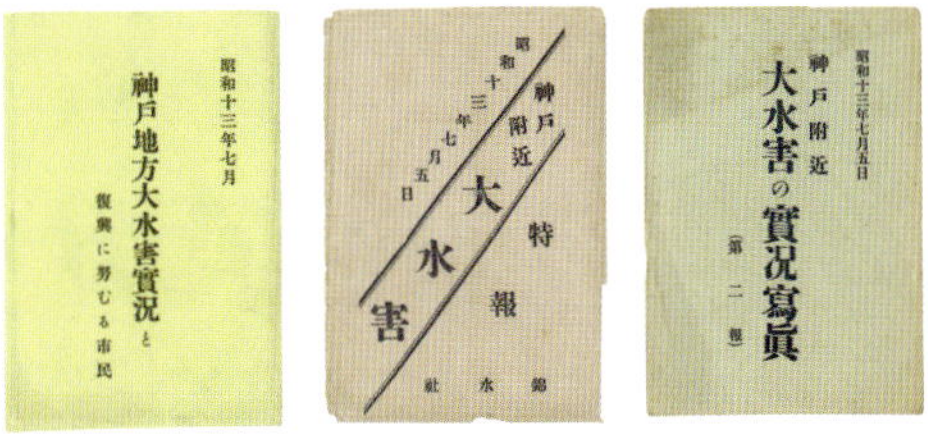

阪神大水害を伝える各種の絵葉書の袋（昭和13年）。絵葉書は報道メディアでもあった。

『（神戸地方水害）　居留地の濁流』。六甲山から離れ、海岸に近い居留地にも濁流が押し寄せている。阪神大水害の絵葉書は「錦水社」など複数の製作があり、巨岩・流木・濁流など神戸の各町の被災状況を伝えた。都市防災の観点からもこれらの絵葉書は貴重な史料といえる。

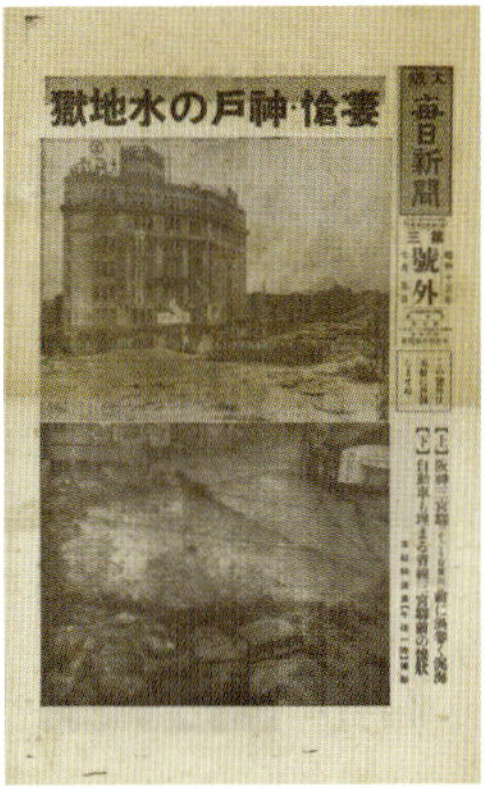
凄愴・神戸の水地獄
大阪毎日新聞
號外

阪神大水害号外（大阪毎日新聞）。昭和13年7月5日。表面に「凄愴・神戸の水地獄」の大見出し。「阪神三宮駅（そごう百貨店）前に渦巻く泥海」「自動車も埋まる省線三宮駅前の惨状」という本社特派員撮影（午後1時）の写真2枚。裏面は「流木で列車のせき止められた芦屋駅」、「九分通り埋まった省線本山住吉間の家屋」「阪神国道も石河原（住吉橋より望む）」「濁流おどりこむ神戸の阪神三宮駅地下連絡口」の写真4枚。輸送方法も付記されている。

谷崎潤一郎の『細雪』にも描かれた阪神大水害は、絵葉書という「記憶媒体」で伝えられている。

そして多くの市民が泥の海の中で復興に努力し、日常生活を取り戻すべく励まし合う姿も絵葉書は伝える。神戸の学生たち、あるいは全国からの救援支援の「奉仕隊」「復興奉仕団」という災害ボランティアはこの時、すでに存在した。たとえば本山村では、県内各地の青年団や教員奉仕団、県外から鳥取県青年団も救援に入っている。そして六甲山の砂防、治水管理、復興都市計画が神戸の課題となる。

さらに昭和20年の戦災による壊滅的状況、戦後の阪神・淡路大震災と、神戸の市民は復興を繰り返し奮闘してきたのは言うまでもない。

都市の祝祭

神戸市民の熱狂

『大観艦式記念神戸博覧会　子供国　サーク・リング』。昭和11年10月。切手欄に錨マーク。AKANISHI製。本来は軍事的なイベントが「記念」されて都市の博覧会と重なり、子ども連れの家族が楽しむ会場となっている。昭和5年の海港博覧会の個人撮影映像では、絵葉書売店も見える。

開港から150年。ミナト神戸はその都市としての拡大と発展のあゆみの中で、多くの祭典や博覧会を開催してきた。「神戸築港起工祝賀会」（明治40年）、「神戸貿易製産品共進会」（明治44年）、「開港五十年祭・市制実施三十年」（大正10年）、「日本絹業博覧会」（大正14年）、「御大典」（昭和3年）、「大楠公六百年祭」（昭和10年）といった行事のたびにさまざまな絵葉書を発行してきた。

海軍の観艦式に合わせて博覧会が開催される時もあり、絵葉書が発行された。昭和5年の観艦式では海港博覧会が開かれて「人間大砲」絵葉書も出た。この博覧会はのべ137万人の観客を集め帝国海軍の示威と組み合わされた。また、昭和8年11月7日、8日に開始した神戸みなとの祭は、人口80万という「大神戸」に住む、市民意識の醸成

『神戸みなとの祭』。第4回（昭和11年）。神戸市民祭協会。観艦式記念神戸博覧会（自十月三日―至十一月十五日）の文字。精版印刷株式会社印行。この絵葉書になったエキゾチックなポスターは200点以上の公募作品から選ばれた、当時神戸在住だった春田太治平の作である。選考については市報、『神戸又新《ゆうしん》日報』にも詳細が出た。ポスターは全国の役所に1万5千枚送付され、モダン神戸の異国情緒と、溌剌としたエネルギーを持つ「大神戸」のイメージを広めた。

『神戸みなとの祭』。第3回（昭和10年）。The Kobe Port Festival Society.精版印刷株式会社印行。英文の説明がついたポスターの絵葉書である。なお、第1回目のポスターは、キリスト教の神戸教会の教会員である小磯良平の作。神戸みなとの祭はさまざまなイベントで市民を熱狂させた。

に大きな役割を果たしたであろう。懐古行列や国際大行進、みなと女王選出、花火大会、海上提灯行列、菊花展覧会など祝祭は頂点に達し、多くの絵葉書が出た。

　東洋一と言われるようにモダンになる市電を美しく装飾した「花電車」は祝祭のたびに走り、筆者も戦後の神戸まつりで走る花電車を記憶している。戦前のみなとの祭は第5回（昭和12年）から中国での戦争拡大で華美な行事は廃止となり、ついには軍国主義化と戦時体制により戦争貫徹祈願の神事になってしまった。そして軍事機密で絵葉書さえ自由に作れず、軍の検閲の入る暗い破滅の時代に突入してしまった。しかし、それまでの神戸みなとの祭の絵葉書は祝祭に陶酔していた神戸の市民たちの姿を今も伝える。それは絵葉書が最も華やかで愛された時代でもあった。

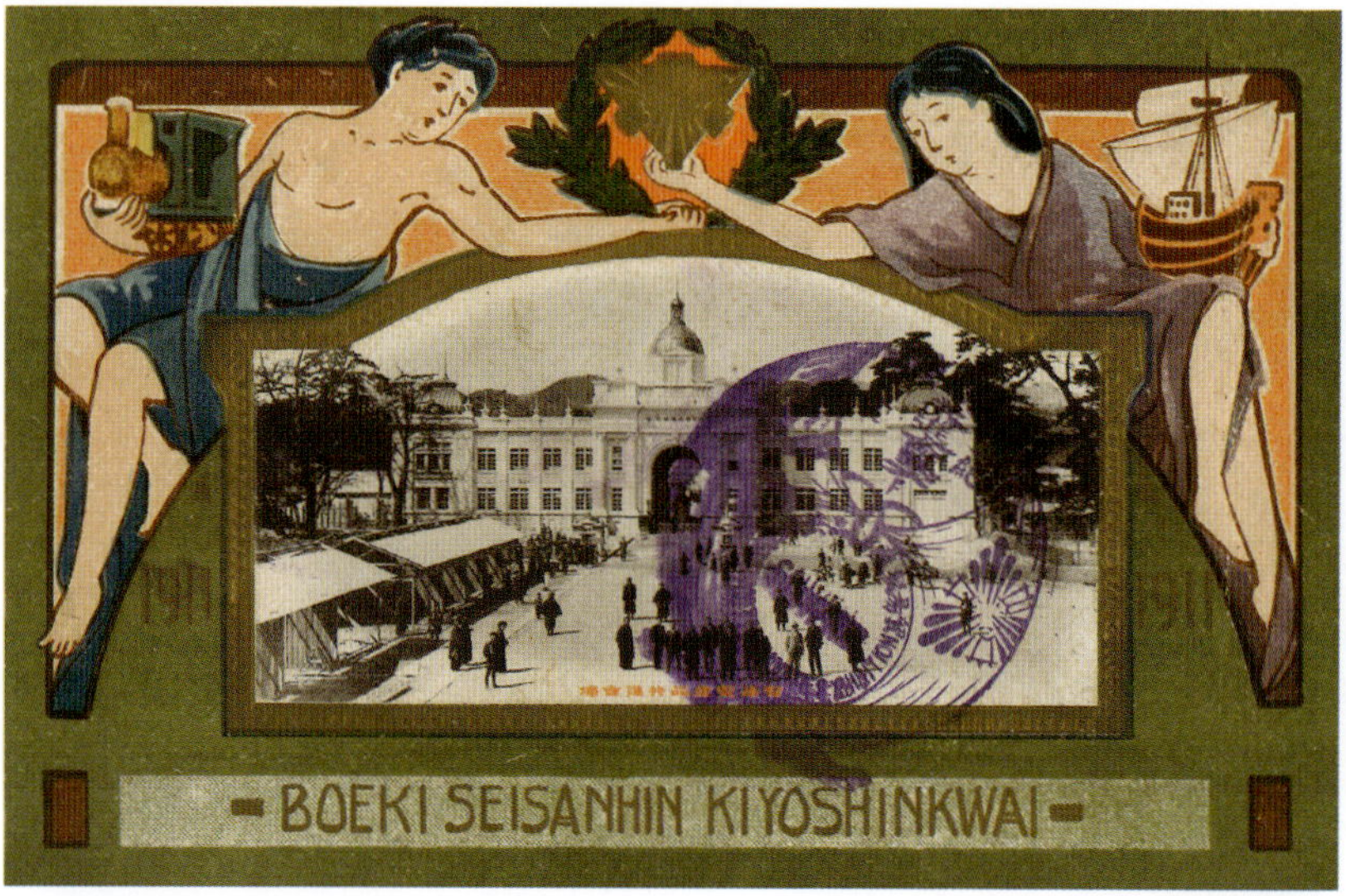

『貿易製産品共進会』。明治44年。切手欄に貿易製産品共進会の協会マーク。神戸日東館発売、東京青雲堂謹製。湊川公園の会場である。アール・ヌーヴォー風のデザインが素晴らしい。このシリーズでは茶・マッチなど輸出品をカラーで描き、エンボス加工した絵葉書もある。このイベントは2ヶ月で約75万人、外国人が2万5千人入場。ミュシャの影響と思われる北野恒富のポスターが知られる。

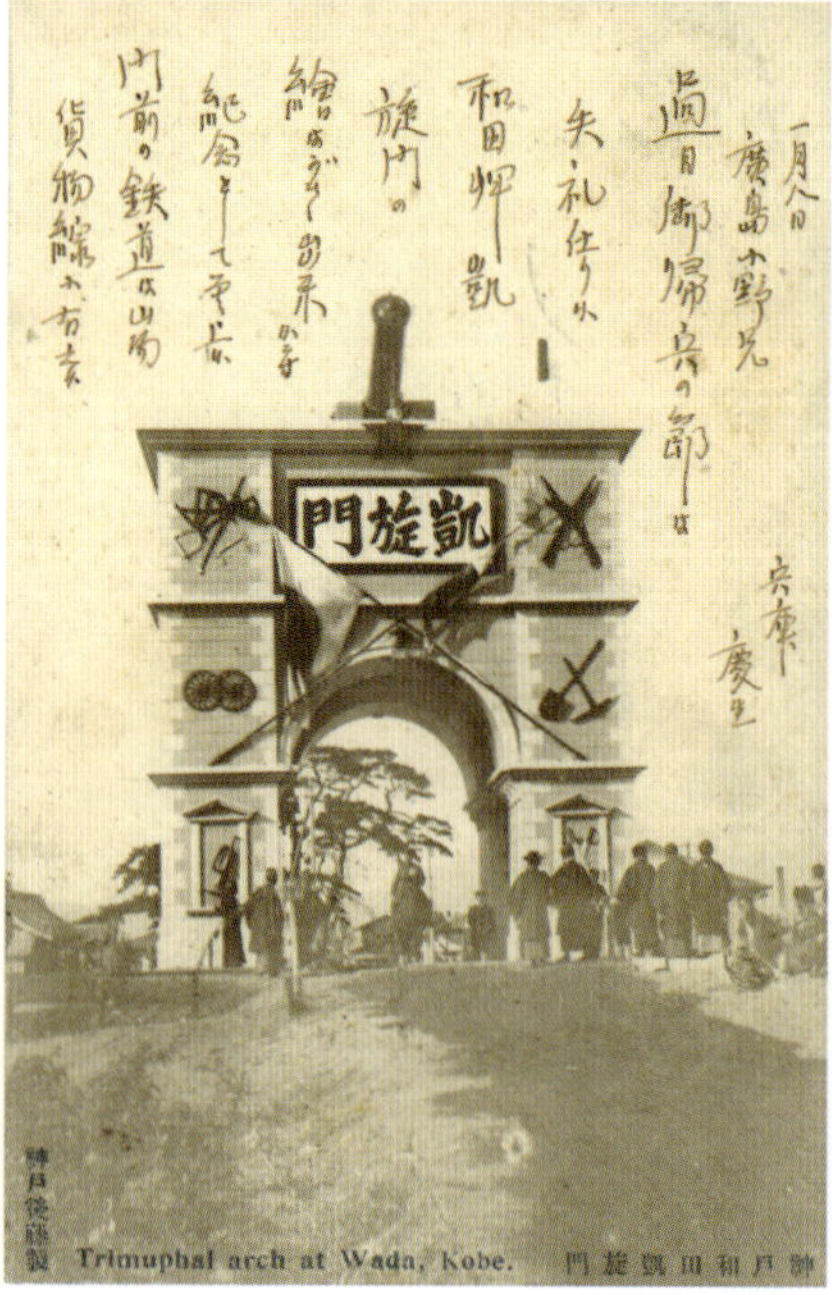

『神戸和田凱旋門』。明治39年消印。神戸後藤製。日露戦争の勝利に沸く日本は、帝都東京の新橋などをはじめ、各地に「凱旋門」を建立し、国威発揚を図った。神戸の絵葉書では「陸軍特別大演習記念」(大正8年)の離宮通の奉祝門や、「御大典」(昭和3年)の京橋、大倉山の大アーチなどがあるが、「凱旋門」というのは珍しい。

『祝賀花電車（神戸開港五十年祝賀会）』。開港五十年では、市内各地の華やかな歌や踊り、行列などの行事をさらに盛り上げるかのように、祝賀の装飾の花電車が市内を走った。「福神号」「宝船号」「女神号」「孔雀号」などである。開港五十年は、上水道完成・市街電車の市営化・須磨の合併・市制三十年も合わせた祝賀であった。神戸では都市をあげての祝祭のたびに華やかな花電車が走った。

『湊川公園音楽堂の港踊り（神戸みなとの祭実況）』。AKANISHI製。神戸みなとの祭では、毎回歌と踊りが市内に広がり、祭の歌のレコードの発売や新聞紙上での踊りの講習の案内など、盛り上がった。モダンな曲線のデザインの音楽堂の舞台で祭の踊りが披露され、多数の市民が見ている。

〈主な参考文献〉

・『洋学史事典』 日蘭学会編 雄松堂出版 1984
・『日本写真史年表』 社団法人日本写真協会編 講談社 1976
・『日本の写真 1850s～1945』 姫路市立美術館 1999
・『写真の黎明』 東京都写真美術館 1992
・『絵画と写真の交差―印象派誕生の軌跡』 北海道立帯広美術館他 2009
・『上野彦馬と幕末の写真家たち』 日本の写真家1 岩波書店 1997
・『上野彦馬歴史写真集成』 馬場章編 渡辺出版 2006
・『日本芸術写真史 浮世絵からデジカメまで』 西村智弘 美学出版 2008
・『Ashiya Camera Club 1930－1942』 芦屋市立美術博物館 1998
・『PHOTOGRAPHY in JAPAN 1853－1912』 TERRY BENNETT TUTTLE 2007
・『外国人居留地と神戸』 田井玲子 神戸新聞総合出版センター 2013
・『図説 横浜外国人居留地』 横浜開港資料館編 有隣堂 1998
・『神戸・横浜開化物語展』 神戸市立博物館 1999
・『明治の商店 開港・神戸のにぎわい』 大国正美・楠本利夫編、企画神戸史談会 神戸新聞総合出版センター 2017
・『郵政百年史年表』 郵政省編 吉川弘文館 1972
・『日本絵葉書史潮』 樋畑雪湖 （1936）復刻版・日本の郵便文化選書 岩崎美術社 1983
・『明治・大正・昭和の流行をみる 広告絵はがき』 林宏樹 里文出版 2004
・『むかしの神戸 絵はがきに見る明治・大正・昭和初期』 和田克巳・編著 神戸新聞総合出版センター 1997
・『フィリップ・バロス コレクション 絵はがき芸術の愉しみ展―忘れられていた小さな絵―』 そごう美術館 1992
・『ART OF THE JAPANESE POSTCARD』 THE LEONARD A. LAUDER COLLECTION BOSTON
MUSEUM. MFA 2004
・『A History of POSTCARDS』 Martin Willoughby STUDIO EDITIONS LONDON 1992
・『大正レトロ昭和モダン ポスター展―印刷と広告の文化史―』 姫路市立美術館 2007
・『神戸百景 川西英』（1500部限定） 神戸百景刊行会 1962

・『川西英コレクション　京都国立近代美術館・所蔵作品目録』　２０１１
・『特別展　川西英の新・旧「神戸百景」~川西祐三郎作品とともにたどる20世紀の神戸の姿』神戸市立博物館　２００１
・『KAWANISHI　DESIGN　WORKS―川西英が手がけたデザインの仕事―』シーズ・プランニング、神戸市広報課編　発売　星雲社
※筆者「川西英・絵葉書・サーカス」執筆、筆者所蔵の絵葉書協力掲載
・『大阪・神戸のモダニズム１９２０―１９４０展』兵庫県立近代美術館　１９８５
・『モボ・モガ１９１０―１９３５展』神奈川県立近代美術館　１９９８
・『パノラマ地図を旅する―「大正の広重」吉田初三郎展』堺市博物館　１９９９
・『別冊太陽　日本の博覧会　寺下勍コレクション』　２００５
・『レトロ・モダン・神戸　中山岩太たちが遺した戦前の神戸』兵庫県立美術館　２０１０
※筆者所蔵資料77点を協力出品、掲載
・『豪商神兵湊の魁』１８８３　神戸史学会複製版
・『有馬　武庫　菟原　豪商名所獨案内の魁』垣貫與祐　１８８４　復刻版
・『神戸開港三十年史』開港三十年紀年会　１８９８
・『華僑の研究』企画院編　松山房　１９４２
・『ニッポン仰天日記』ゴードン・スミス著　荒俣宏訳、共訳大橋悦子　小学館　１９９４
・『神戸観光要覧』神戸区観光協会　１９３５
・『A　COMPLETE　GUIDE　TO　KOBE　AND　ITS　VICINITY』オリエンタルホテル内兵庫縣国際観光ホテル協会
１９３９
・『風見鶏　謎解きの旅』広瀬毅彦　神戸新聞総合出版センター　２００９
・『町誌　花隈』花隈新興会　１９７１
・『岡本わが町　岡本からの文化発信』中島俊郎編、発行　廣岡倭　神戸新聞総合出版センター　２０１５　※筆者「モダニズムの街」「阪神大水害」を執筆。
・『常磐　西洋料理』改正増補5版（明治37年初版、大正14年）横浜市山手町　常磐社　著作者ボーカス、発行人デキンソン
・『明治西洋料理起源』前坊洋　岩波書店　２０００
・『コスモポリタン物語』バレンタイン・エフ・モロゾフ　有限会社コスモポリタン発行　１９９０

・『本邦初の洋食屋　自由亭と草野丈吉』永松実、料理監修坂本洋司　株式会社えぬ編集室、西日本新聞社　２０１６
・『居留外国人による神戸スポーツ草創史』棚田真輔　道和書院　１９７６
・『居留外国人による横浜スポーツ草創史』棚田真輔・山本邦夫　道和書院　１９７７
・『ＩＮＡＫＡ』ＶＯＬ．ＸＶＩＩＩ　Ｈ．Ｅ．ドーント　神戸ヘラルド新聞社　１９２４
・『日本アルプスの登山と探検』ウォルター・ウェストン　黒岩健訳　大江出版社　１９８２
・『神戸居留外国人のスポーツ50年』棚田真輔他　発行神戸スポーツ史研究会
・『増補　近代日本登山史』安川茂雄　四季書館版　１９７６
・『江戸参府紀行』ジーボルト著、斎藤信訳　平凡社東洋文庫　１９９２
・『イザベラ・バードの日本紀行』イザベラ・バード著、時岡敬子訳　講談社学術文庫　２００８
・『シドモア日本紀行・明治の人力車ツアー』エリザ・Ｒ・シドモア著、外崎克久訳　講談社学術文庫　２００２
・『神戸日仏協会１００年史　１９００−２０００』社団法人神戸日仏協会　２０００
・『新築　記念帖』神戸女学院　１９３４
・『神戸女学院百年史　総説』神戸女学院　１９７６
・『神戸女学院の１２５年』神戸女学院　２０００
・『神戸女学院八十年史』同編集委員会　１９５５
・『一粒社ヴォーリズ建築事務所作品集』株式会社一粒社ヴォーリズ建築事務所　１９８３
・『伝道と建築　Ｗ．Ｍ　ヴォーリズとその兄弟たち』株式会社一粒社ヴォーリズ建築事務所　創業１００周年記念事業委員会編　２００８
・『神戸洋服商組合史』神戸洋服商組合　１９３６
・『神戸洋服百年史』神戸洋服百年史刊行委員会　１９７８
・『ＥＡＲＬＹ　ＪＡＰＡＮＥＳＥ　ＲＡＩＬＷＡＹＳ　１８５３−１９１４』ＤＡＮ　ＦＲＥＥ　ＴＵＴＴＬＥ　２００８
・『「民都」大阪対「帝都」東京。思想としての関西私鉄』原武史　講談社選書　１９９８
・『神戸市電が走った街　今昔』金治勉著、福田静二編　ＪＴＢ　２００１
・『神戸の市電と街並み』神戸鉄道大好き会編著　トンボ出版　２００９
・『さよなら神戸市電』神戸市交通局　１９７１
・『阪急コレクション』開業90周年記念　阪急コミュニケーションズ　２０００　※巻頭の「絵葉書で見る阪急沿線」で筆者所蔵の絵葉書を掲載

・『オリエンタルホテル三十年の歩み』同編集委員　１９５６
・『日本のホテル小史』村岡實　中公新書　中央公論社　１９８１
・『日本ホテル館物語』長谷川堯　プレジデント社　１９９４
・『明治フラッシュバック３　ホテル』森田一朗編　筑摩書房　１９９８
・『細雪』谷崎潤一郎　新潮文庫　１９５５
・『それでもコーヒーを楽しむための１００の知恵』朝日新聞出版　２００８　※筆者所蔵掲載
・『神戸と基督教・１００年史に輝く巨星たち』吉野丈夫　神戸伝道百年史刊行会　１９７６
・『神戸とYMCA百年』財団法人神戸キリスト教青年会　１９８７
・『神の絶大な力・日本伝道隊史話』パゼット・ウイルクス　高松隆二訳　発行日本伝道隊、発売いのちのことば社　２００３
・『神戸と聖書　神戸・阪神間の４５０年の歩み』同編集委員会・編　神戸新聞総合出版センター　２００１
・『近代日本と神戸教会』日本基督教団神戸教会編　創元社　１９９２
・『日本プロテスタント神学校史　同志社から現在まで』中村敏　いのちのことば社　２０１３
・『三木楽器史―Ｏｕｒ　Ｃｏｍｐａｎｙをめざして―』『三木楽器資料集』三木楽器株式会社（大阪開成館）　監修：社史編纂委員会
編著：田中智晃　２０１５
・『日本レコード文化史』倉田喜弘　岩波現代文庫　岩波書店　２００６
・『ＩＮ　ＧＨＯＳＴＬＹ　ＪＡＰＡＮ　ＢＹ　ＬＡＦＣＡＤＩＯ　ＨＥＡＲＮ』ＬＩＴＴＬＥ，ＢＲＯＷＮ＆ＣＯ．ＢＯＳＴＯＮ　１９００
・『ニッポン』ブルーノ・タウト　明治書房　１９４１
・『大楠公六百年祭写真帖』１９３５、『大楠公六百年祭記念録』１９３６
・『特別展　二楽荘と大谷探検隊』龍谷ミュージアム　２０１４
・『モダニズム再考・二楽荘と大谷探検隊Ⅱ』芦屋市立美術博物館　２００３
・『アーカイブスとしての古絵葉書、その可能性についての一考察』石戸信也　兵庫県高等学校社会（地理歴史・公民）部会　研究紀要　第９号
２０１２，３．３０
※その他、各社社史、市史・魚崎など旧町誌、『神戸市水害誌』（１９３９）などの水害関係文献、『みなとの祭写真帖』、日本絵葉書会会報、
関西絵葉書研究会会報など。

エピローグ

京都、横浜、パリ、ロンドン、アテネ、ローマ、マドリード、アムステルダム、台北やクアラルンプール、南オーストラリア・アデレード。今まで暮らし、また滞在した都市にはそれぞれ、長い歴史と醸成された文化の表情、個性があった。神戸はその都市のアイデンティティーとも言うべき個性をどう保存・継承し、発展させているだろうか。

神戸の建築や都市文化はハイカラ、モダンと言われてきた。しかし、今日、震災後の無機質な「復興」や、「ミニ東京化」が進んでいないか。絵葉書に記憶され、最近まで市民の目を楽しませ、ランドマークだった近代建築遺産が次々に消えている。個人住宅でもヴォーリズ設計などの貴重な名建築が次々に失われている。景観は市民共有の文化であり、「都市の記憶」を大切にしようという姿勢や公的支援・保存・活用が必要である。

観光地としてコンパクトに凝縮され飾られた「異人館」だけが神戸の近代建築ではない。また、この都市の開港以来の舶来の文化によるハイカラやモダンは「光と影」の「光」であり、「影」を見なければならないという主張もある。しかし、たとえば新聞記者として神戸に来たラフカディオ・ハーンが「西洋文明の象徴の居留地」を嫌悪したからと言って、その一例をもって神戸の居留地を否定できない。洋風文化の受容と変容（たとえば居留地の洋風建築を学び、担当した日本人大工の棟梁たちが、各地で擬洋風建築の和洋折衷の「異人館」を求められ、作っていった）を「西洋かぶれ」の「影」として一笑できるだろうか。ハー

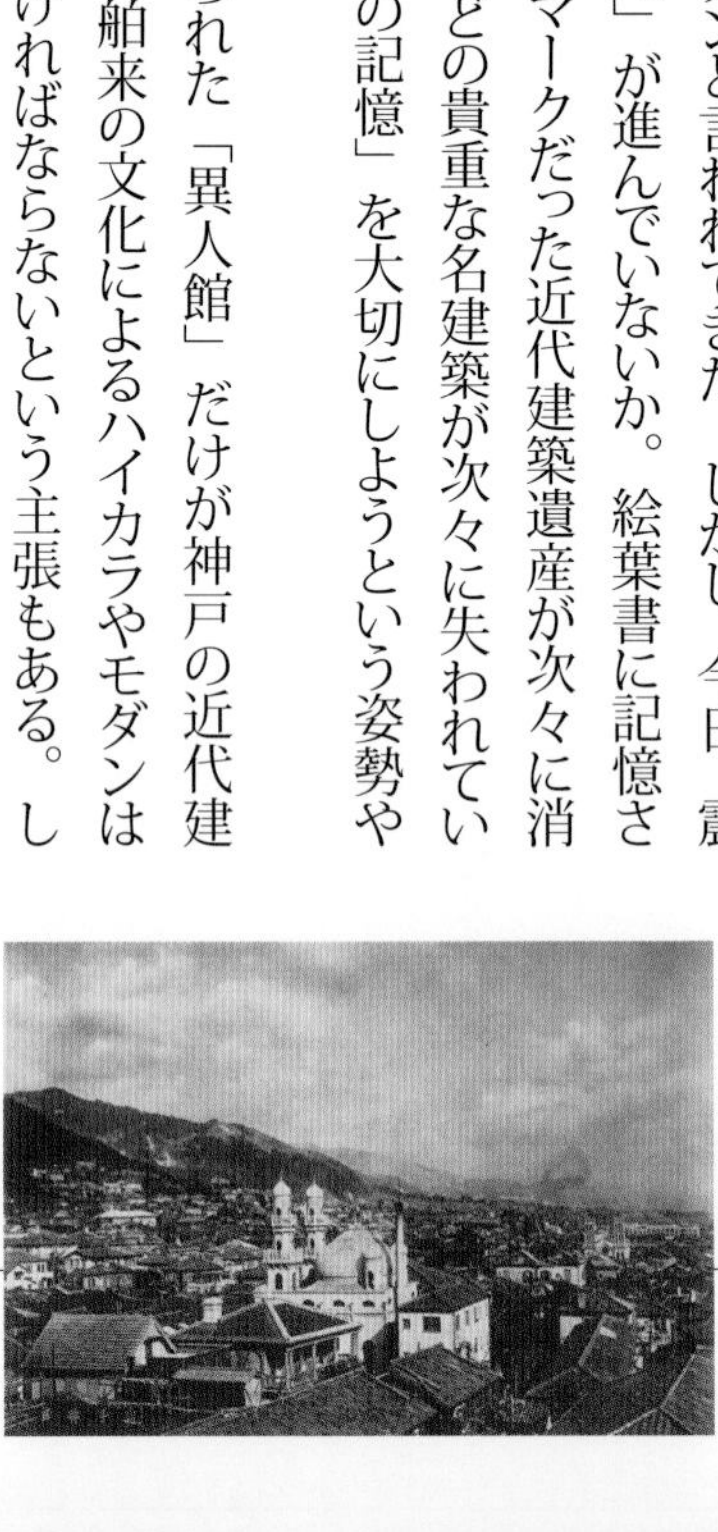

「神戸山手」
（戦前の観光パンフレット「こうべ」から）
手前にモスク、遠くに中山手カトリック教会が見える

ンは子ども時代より不幸の連続だった欧米での生活を嫌悪し、憧れの日本に来た。神戸では実は1年半以上も生活している。

また桂離宮に日本の伝統的な美を見た建築家ブルーノ・タウトはその著書『ニッポン』（昭和16年初版、明治書房）の中で六甲山上のケーブルカーの駅に日本人の自然観のものと違うと衝撃を受けたことを述べたが、ハーンやタウトが期待し求めた「日本」的なるものとは異なるからといって、神戸の市民の誇りであり醸成された洋風文化が「影」とは言えない。

居留地に存在したイギリス商社をもって大英帝国のアジア侵略の先兵が神戸に来ていた、これは悪であり「影」であるというのは単純な見方である。要は、神戸が開港以来、玄関口として多様な文化を受け入れながら、神戸の市民による受容や変容、発展から生まれたハイカラやモダンという「光」を、「影」を見つけて否定するのは「木を見て森を見ず」であろう。それは単なる「西洋コンプレックス」の裏返しになりかねない。神戸の国際性はまさに港町ゆえの「多様性」の共生であり、その中から、ハイカラもモダンも生まれ、何より中国やインドなどアジアの文化も合わせて醸成されてきたのである。

さて、「開港１５０年」を表面的なイベントだけでなく深く振り返り、市民自身がこの都市の未来を論じる時が来ている。そのために神戸の古写真や絵葉書を見ながら、あるいは歴史と歩みをともにした「神戸の歌」を聴きながら、この都市のことを今一度、考える、そのために本書が少しでも貢献できれば幸いである。

２０１７年11月　六甲山と神戸港を眺める部屋で。　石戸 信也

立体写真（ステレオ写真）
「諏訪山から神戸女学院」

著者 略歴

1961年 灘区にて 著者

石戸 信也（いしど のぶや）

１９５８年、神戸市生まれ。同志社大学文学部文化学科文化史学卒。博物館・美術館学芸員資格修得。神戸大学大学院国際文化学研究科博士課程前期修了。

各地の県立高等学校で歴史を担当し、県生活文化部、県立人と自然の博物館、県教育委員会社会教育課指導主事などをへて、現在、母校の県立西宮高等学校教諭。普通科、音楽科で歴史などを教える。

専門は文化史、日欧文化交流史、日本キリスト教史、音楽史。

日本ヴィクトリア朝文化研究学会、日本絵葉書会などに所属。

ヨーロッパや熱帯ジャングルなど世界各地で人間と自然、文化について考える。また、戦前の神戸を中心とする古写真・絵葉書を約５,０００点以上（石戸コレクション）、古伊万里、蘭学史料も収集。各地で講演もしている。２０１０年、兵庫県高等学校社会部会・研友会賞受賞。

主な著書に『神戸のハイカラ建築　むかしの絵葉書から』（神戸新聞総合出版センター、2003）、『神戸レトロコレクションの旅　デザインにみるモダン神戸』（神戸新聞総合出版センター、2008）、『むかしの六甲・有馬　絵葉書で巡る天上のリゾート』（神戸新聞総合出版センター、2011）。共著に『失われた風景を歩く　明治・大正・昭和』（神戸新聞総合出版センター、2002）、『岡本　わが町』（神戸新聞総合出版センター、2015）

絵葉書《えはがき》で見《み》る神戸《こうべ》 ハイカラ・モダンの時代《じだい》

2017年12月28日　初版第1刷発行

著者 ── 石戸信也

発行者 ── 吉村一男
編集・発行 ── 神戸新聞総合出版センター
〒650-0044 神戸市中央区東川崎町1-5-7
TEL 078-362-7140／FAX 078-361-7552
http://kobe-yomitai.jp/

デザイン・DTP ── 小林デザイン事務所
印刷 ── 神戸新聞総合印刷

落丁・乱丁本はお取替えいたします

ISBN 978-4-343-00976-0 C0021